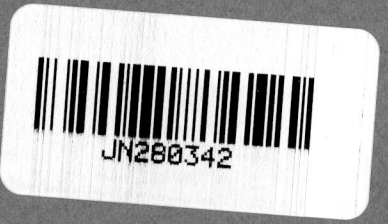

北アルプス大百科

Encyclopedia of the Northern Japan Alps

岩橋崇至

阪急コミュニケーションズ

中岳上空から穂高連峰を望む。右手奥に焼岳、その先に乗鞍岳。

黒部湖上空から北アルプス中央部を望む。手前左に赤牛岳、中央は雲ノ平、右奥は黒部五郎岳。

毛勝山上空から剣岳を望む。その奥に立山、右奥には薬師岳が見える。

北アルプス大百科

Contents

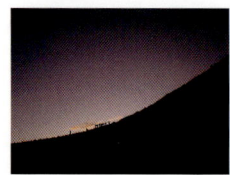

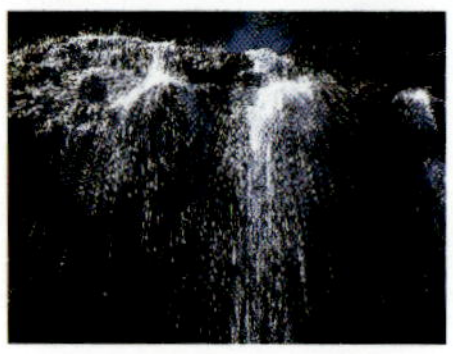

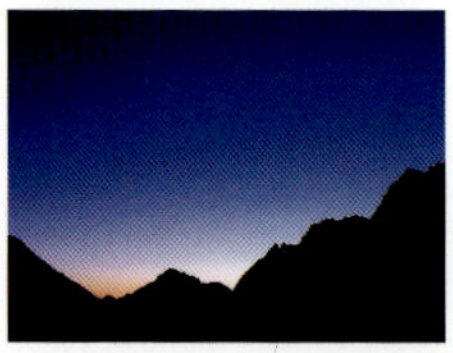

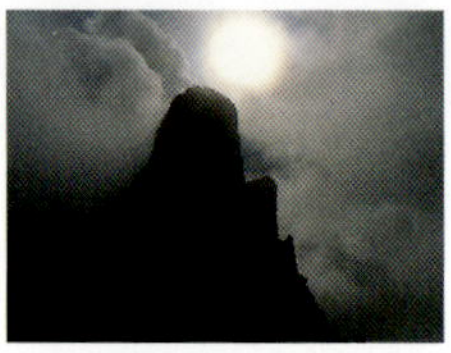

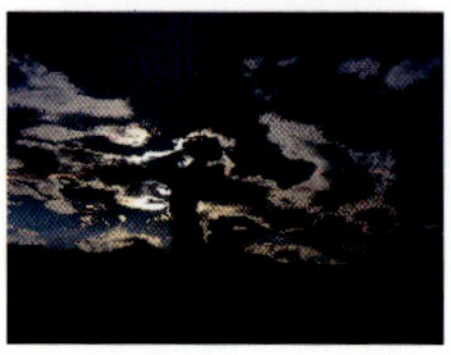

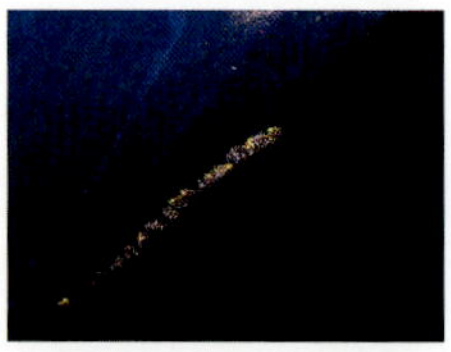

北アルプス概念図

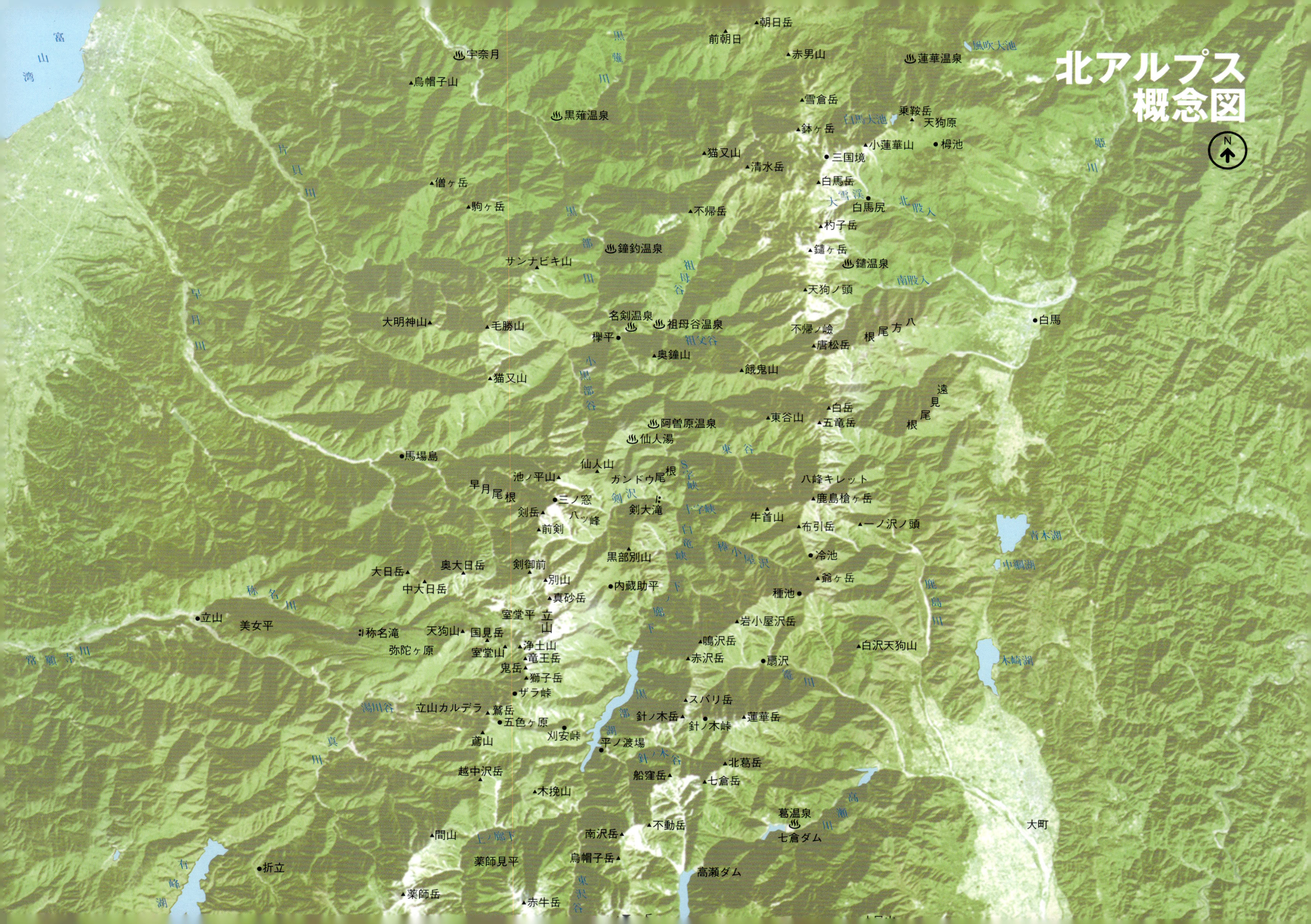

北アルプス概念図
N
富山湾
宇奈月
烏帽子山
黒薙温泉
黒薙川
前朝日
朝日岳
赤男山
蓮華温泉
風吹大池
雪倉岳
白馬大池
乗鞍岳
天狗原
鉢ヶ岳
小蓮華山
栂池
猫又山
清水岳
三国境
姫川
片貝川
僧ヶ岳
駒ヶ岳
白馬岳
大雪渓
白馬尻
北股入
不帰岳
杓子岳
黒部川
鐘釣温泉
鑓ヶ岳
鑓温泉
サンナビキ山
祖母谷
南股入
天狗ノ頭
早月川
大明神山
毛勝山
名剣温泉
祖母谷温泉
欅平
祖父谷
不帰ノ嶮
八方尾根
唐松岳
白馬
奥鐘山
餓鬼山
猫又山
小黒部谷
遠見尾根
白岳
阿曽原温泉
東谷山
五竜岳
仙人湯
東谷
馬場島
仙人山
池ノ平山
ガンドウ尾根
S字峡
八峰キレット
早月尾根
三ノ窓
剣沢
鹿島槍ヶ岳
剣岳
八ッ峰
剣大滝
十字峡
牛首山
前剣
布引岳
一ノ沢ノ頭
青木湖
白竜峡
黒部別山
冷池
棒小屋沢
大日岳
奥大日岳
剣御前
中綱湖
別山
爺ヶ岳
称名川
中大日岳
内蔵助平
下ノ廊下
種池
鹿島川
真砂岳
立山
室堂平
立山
美女平
称名滝
天狗山
国見岳
岩小屋沢岳
常願寺川
弥陀ヶ原
室堂山
浄土山
鳴沢岳
白沢天狗山
竜王岳
赤沢岳
扇沢
木崎湖
鬼岳
獅子岳
籠川
ザラ峠
黒部湖
スバリ岳
湯川谷
立山カルデラ
鷲岳
針ノ木岳
蓮華岳
五色ヶ原
針ノ木峠
刈安峠
真川
鳶山
平ノ渡場
針ノ木谷
北葛岳
越中沢岳
船窪岳
七倉岳
木挽山
葛温泉
高瀬川
不動岳
大町
間山
上ノ廊下
南沢岳
七倉ダム
薬師見平
烏帽子岳
高瀬ダム
折立
有峰湖
薬師岳
東沢谷
赤牛岳

太郎山
水晶岳
(黒岳)
野口五郎岳
雲ノ平
北ノ俣岳
赤木岳
祖父岳
真砂岳
東沢岳
南真砂岳
燕岳
鷲羽岳
湯俣温泉
中房温泉
有明山
黒部五郎岳
三俣蓮華岳
硫黄岳
双六岳
樅沢岳
北鎌尾根
牛首山
大天井岳
東天井岳
西鎌尾根
弓折岳
横通岳
槍ヶ岳
赤岩岳
大喰岳
東鎌尾根
西岳
中岳
赤沢山
常念岳
前常念岳
抜戸岳
奥丸山
南岳
笠ヶ岳
大キレット
北穂高岳
屏風ノ頭
涸沢岳
横尾
奥穂高岳
新穂高温泉
前穂高岳
蝶ヶ岳
長塀山
鍋冠山
西穂高岳
明神岳
大滝山
錫杖岳
独標
徳沢
明神
黒沢山
割谷山
上高地
新中尾峠
六百山
焼岳
大正池
霞沢岳
徳本峠
中ノ湯
釜トンネル
小嵩沢山
坂巻温泉
平湯
安房峠
安房山
島々
十石山
白骨温泉
沢渡
乗鞍岳
剣ヶ峰
乗鞍高原
安曇野
松本
0 1 2 3 4 5km

第1章

北アルプスの成り立ち

北アルプスの成り立ち

解説 菊川 茂 *Shigeru Kikukawa*

■変化に富んだ北アルプス

北アルプスは、本州中央部の山岳地帯北部にあり、新潟、富山、長野、岐阜の4県にまたがって続く大山脈である。飛騨山脈とも呼ばれ、南北約70キロメートル、東西約25キロメートル、標高3190メートルの奥穂高岳を最高とする3000メートル級の峰々が並び、南北方向に長い数本の山脈となっている。

北部は黒部峡谷をはさんで東側に白馬岳、鹿島槍ヶ岳を代表とする後立山《うしろたてやま》連峰、西側には立山、剣岳などの立山連峰が連なる。2列の連峰は三俣蓮華岳で合わさり、槍・穂高連峰へと続いている。南部の槍・穂高連峰の東には燕《つばくろ》・常念岳の連峰、西に笠ヶ岳の連山と3列の山脈が続いている。

このように、北アルプスの稜線は北部で2列、南部で3列に分かれている。それらの間を黒部川、高瀬川、梓川などの河川が深い渓谷となって流れ、山と川が複雑にからみ、素晴らしい景色となっている。

北アルプスは多雪地帯で、越年する雪が存在しており、氷河期には氷河が発達していたことが、氷河で削られた地形や運ばれた堆積物、周氷河地形から読み取ることができる。

また、火山活動が見られ、立山の地獄谷や焼岳など現在も活動しているほか、火山地形や噴出物も多く残っている。

このように北アルプスは山が高く、谷が深く、地形が複雑であるうえに多雪地帯で、そこに生育する生物相も豊富であり、1934(昭和9)年に中部山岳国立公園に指定されている。

■北アルプスの生成

北アルプスの特色の一つに、山頂の標高がほぼ等しいことがあげられる。立山（3015メートル）、薬師岳（2926メートル）、白馬岳（2932メートル）、鹿島槍ヶ岳（2889メートル）、奥穂高岳（3190メートル）など、山頂の標高は、3000±200メートルの範囲に入っている。遠くから望むと、山頂が地平線上に連なっているように見える。また、浄土山の山頂付近や薬師岳近くの薬師平、太郎兵衛平などに、かなり広い平坦面が見られる。これらのことは、北アルプスがかつて平坦面であり、全体としてせり上がってきたものととらえることができよう。

侵食作用は、北アルプスのような壮年山地において、深い谷や険しい峰をつくるが、山頂の高さをそろえるように働かないし、平坦面をつくるような作用は考えにくい。隆起を始めた平坦面としては準平原が考えられ、図1のように隆起と同時に、侵食も進み北アルプスが誕生したものである。

図1　北アルプスにおける侵食の進行

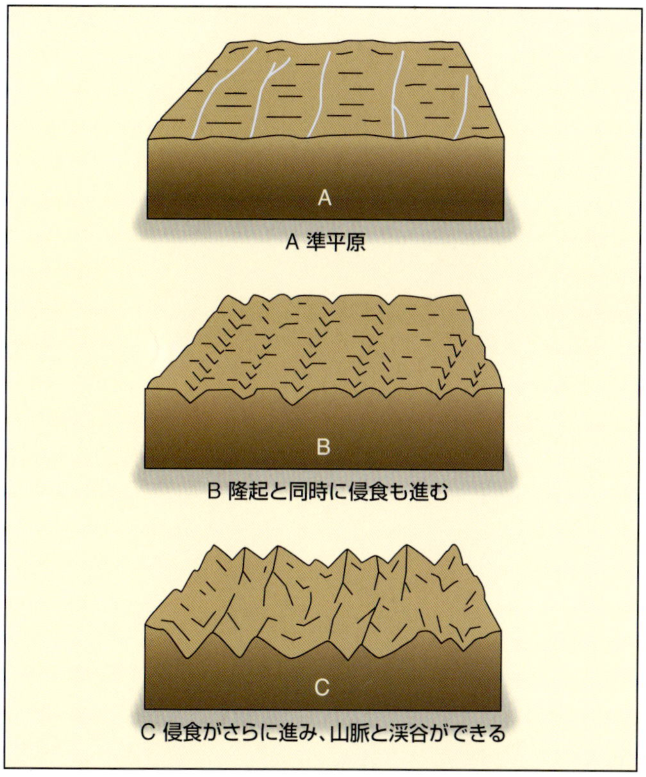
A
A 準平原
B
B 隆起と同時に侵食も進む
C
C 侵食がさらに進み、山脈と渓谷ができる

北アルプス展望（下）　上空から眺める北アルプスは、山頂の高さがほぼ同じに見える。右奥が槍・穂高連峰、中央左の黒い台地が雲ノ平。北ノ俣岳上空から　2月

立山連峰と後立山連峰を分ける黒部峡谷も、一帯の隆起に応じて侵食を強め、1500メートルも深く切れ込み、峡谷をつくったものである。山脈と峡谷形成は一体のものである。

いつ頃から隆起が始まったのであろうか。それを知る手がかりとして、堆積物を調べる方法がある。山が高くなると、そこから流れる川の傾斜も大きくなり、流れが強くなり、より大きな岩石を運ぶことができるようになる。山脈から運搬された堆積物の中に大きな岩石、すなわち礫《れき》が入るようになったときが、山が高くなってきた時期と考えることできる。このように礫岩の堆積した時期から、北アルプスの隆起が始まったのは70万〜80万年前頃と推測されている。多く見積もっても、100万年前頃には北アルプスは存在せず、平凡な高原であったと考えられている。

北アルプスの隆起は、それをつくる数億年の岩石の歴史とは大きく異なり、たかだか100万年より新しい出来事と考えられている。長い地球の歴史からみると、100万年とか50万年などは非常に短い期間である。北アルプスの山々が、標高3000メートルの山脈へと隆起を始め、今日のような姿になったのは、ごく最近の出来事といってよさそうである。また、隆起の原因として、いくつかの説があるが、プレート運動による隆起説が最も可能性が高いと考えられている(図2、3)。

■火山活動

北アルプスの特色の一つに火山の存在がある。現在も、焼岳や立山の地獄谷などで噴気活動が活発であり、温泉の噴出も見られる。また、立山の弥陀ヶ原《みだがはら》や室堂平《むろどうだいら》、雲ノ平、乗鞍岳などは、火山の大規模な噴出物で形成されたものである。乗鞍岳、焼岳、雲ノ平、鷲羽岳《わしばだけ》、立山など、北アルプスの火山は乗鞍火山帯に属し、だいたい北アルプスの西側沿いに南北方向に並んでいる。

北アルプスは花崗岩類から形成され、飛騨高原はおもに中・古生代の堆積岩からできている。ここに、東西方向から図3のように力が加わると圧縮され、可塑性《かそせい》のある花崗岩類は絞り出されて上昇していると考えられている。しかし、中・古生代の堆積岩は破壊されてしまうようだ。片方が隆起し、他方が破砕され、ほとんど隆起しなかったら、その境に破断が生じる。この関係で、北アルプスは急激に隆起し、飛騨高原の隆起が少なく、その境に沿って破断が生じた。そこからマグマが上昇し、乗鞍火山帯の火山が南北方向に並んで噴出してきたと考えられる。

立山火山についても、おもな活動の火口は一つとされてきたが、最近の研究によると、南から北方向へと順次火口を移

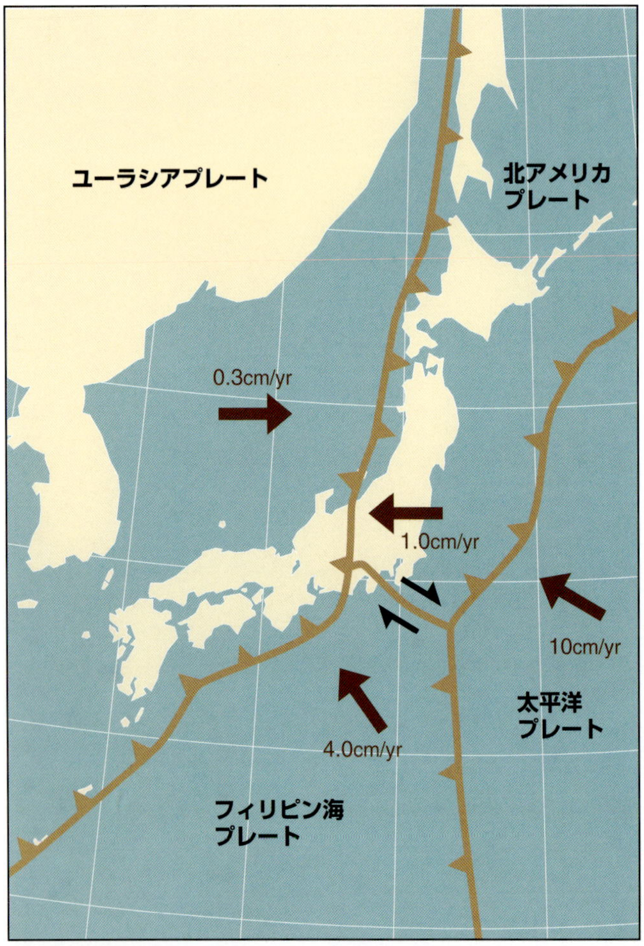

図2 日本列島にはユーラシアプレート、北アメリカプレート、太平洋プレート、フィリピン海プレートが力を及ぼし合っている。

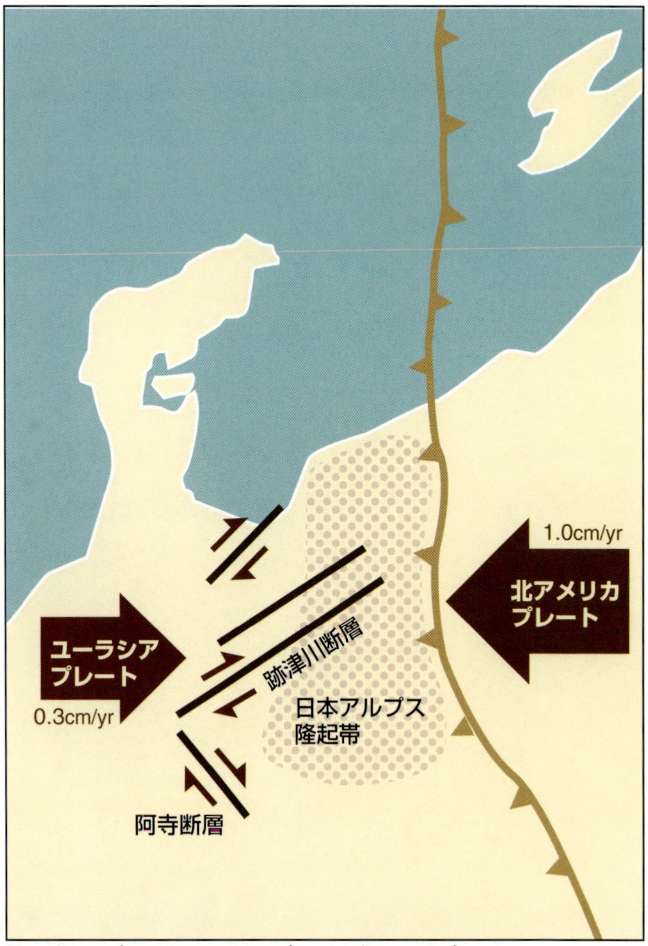

図3 北アルプスでは、ユーラシアプレートと北アメリカプレートが東西から強く押し合っている。

動させながら、活動してきたと考えられている。また、火砕流台地である弥陀ヶ原に隣接して、東西約6.5キロメートル、南北約4.5キロメートルの大きな鍋底のような地形である立山カルデラがある。これは立山火山が多量の噴出物を出したため、火口付近が陥没したカルデラと考えられていた。しかし近年、崩壊しやすい地質のために、常願寺川による侵食で形成された大きな凹地、侵食カルデラであることが明らかにされた。

岩石の年代を測定する方法の研究も進み、乗鞍火山帯の火山の噴出した年代も明らかになってきた。それによると、30万年前から10万年前にかけて、火山活動が活発であったことを示している。これは、この頃に北アルプスの隆起が盛んであったためと考えられている。

焼岳の水蒸気爆発　独標で夕焼けを待っていると、ドカンという爆発音が山々にこだました。その後、噴煙が上がり始めた。西穂高岳独標から　2月上旬

立山・鍛冶屋地獄の噴気塔　ゴーゴーと音を立てて噴煙を上げる噴気塔を、鍛冶屋のふいごに見立てたのだろう。5月上旬

焼岳大爆発　天正13（1585）年以来数多くの噴火記録がある。近くは1915（大正4）年の噴火で梓川がせき止められ、大正池ができた。その後も噴火を繰り返している。1925（大正14）年10月、穂苅三寿雄撮影

鷲羽の池　北アルプス中央部の鷲羽岳山頂直下にある。後期更新世の初期に活動した火山。安山岩、デイサイトからなる。
鷲羽岳山頂から　8月上旬

■水による侵食

大地は常に風雨の影響を受けている。特に流水による侵食が大きく、長年にわたって地形を変えるいちばん大きな要因である。北アルプスは傾斜が急であり、降水量が多い地域である。そのため河川は侵食されて深い渓谷をつくり、いたるところに滝を見ることができる。

多くの河川では、本流に注ぐ支流のほとんどは滝となって合流している。本流に比べて、支流のほうが水量も少なくて侵食されにくく、河床が高いためである。河床の高い支流から、強い侵食のため深く刻まれた本流への合流は、滝とならざるをえないのであろう。最初は支流から本流へ、滝となって直接注いでいたものでも、滝の上を流れる水によって滝自体が侵食され、滝は上流へとその位置を変えていく。これを滝の後退と呼ぶ。

立山黒部アルペンルートの富山側の玄関口、立山駅の近くで称名《しょうみょう》川《がわ》が本流の常願寺川へ合流している。称名川の上流約10キロメートルのところに、日本一の落差350メートルの称名滝がある。この滝もかつて、常願寺川への合流点付近で誕生したものが、侵食されて後退し、現在地へと移

立山カルデラ　陥没カルデラと考えられていたが、調査が進んで、常願寺川による侵食カルデラだとされている。
六九谷展望台から　10月中旬

白竜峡(上)　下ノ廊下の核心部の一角をなす。花崗岩質の火成岩が、隆起と激しい侵食のため、深いV字谷をなしている。
10月下旬

剣大滝(右)　かつての大滝は本流に流入していたが、後退して現在の位置に移動した。深く刻まれた渓谷の奥にあり、音だけ聞こえて姿が見えないため幻の大滝と呼ばれている。
6月上旬

動してきたものである。また、今も侵食され続けており、さらに上流へと移動していくものである。

黒部川下ノ廊下の中心である十字峡では、剣沢はここで滝となって流入していたものが、流水で侵食されて後退し、現在の「剣 大滝《つるぎのおおたき》」になったと考えられる。

■雪・氷河による侵食

北アルプスは多雪地帯である。立山黒部アルペンルートの人気スポットに「雪の大谷」がある。20メートルほどの高さの切り立った雪壁の間をバスが進む様子はよく知られた風景であるが、ここは吹き溜まりで、特に積雪の多いところである。

地形に及ぼす雪による侵食の影響も大きい。ことに、雪崩は特色ある地形をつくっている。常願寺川の支流の一つである称名川の左岸に、「悪城《あくしろ》の壁」と呼ばれる高さ500メートル近い岩壁がある。これは弥陀ヶ原台地を侵食して形成されたが、ほとんどは雪崩の侵食によるものである。

水は凍るとき体積が膨張する。このときの力は岩石を破壊し、節理や割れ目から岩片を削ぎ落とす。剣や槍・穂高連峰などの険峻な地形の形成のみならず、北アルプスの形成にも大きな影響を与えているようである。

雪の大谷　日本海に面した立山には、大量の降雪がある。立山周辺でも大谷付近は地形の関係で最も積雪が多く、15〜20mに達する。
4月中旬

悪城の壁　称名滝が後退した際残された弥陀ヶ原台地北面の断崖。この急斜面の上部に見られる浅いU字型のえぐれは、雪崩が削ったアバランチ・シュートと呼ばれる地形である。
6月上旬

土中の水は凍り、霜柱を形成したり、解けて水に戻ったりする。このときの力は大きく、岩をも移動させるほどである。高山では霜の形成と融解が繰り返され、特有の地形がつくられている。代表的なものは「構造土」で、亀甲形、縞状、舌状、階段状、土まんじゅう形など、さまざまのタイプがある。白馬岳、薬師岳、五色ヶ原などでよく見ることができる。

北アルプスには氷河の働きによって形成された地形が多く、かつて氷河が発達していたことを示している。ことに、稜線付近には一般にカールと呼ばれる圏谷《けんこく》が数多く見られ、これらのうち、薬師岳の圏谷群は国指定の特別天然記念物、立山の雄山の山崎圏谷は国指定の天然記念物とされている。山崎圏谷は、最初にこれを圏谷であると指摘した、日本の氷河地形研究の父と言われる山崎直方を記念して名づけられたものである。

また、圏谷から下流へは、横断面がU字形をした氷河の侵食（氷食）によって形成されたU字谷が続く。基盤の岩石が氷食で研磨された羊背岩《ようはいがん》（羊群岩）なども見られる。丸く侵食されてくぼんだ圏谷の底には、氷河が削り取って運んだ岩片が集積してできたモレーン（氷堆石《ひょうたいせき》、堆石）が、堤のように残っている。

積雪と融雪が等しい点を結んだ線を雪線《せっせん》と呼ぶ。この線より上部では積雪量が増加し、雪はやがて氷となり、重力によって移動するようになる。これが氷河である。圏谷底は氷期の雪線と考えられる。北アルプスの圏谷底は、約2600メートルの標高に沿って並び、この高さが圏谷形成時の氷河の規模を示している。北アルプスの圏谷のほとんどは、約2万年前の氷期に形成されたものであり、そこから下流にあるU字谷をつくった氷河の時期はさらに古く、約6万年前と考えられている。

北アルプスの稜線を吹く風は西風で、ことに冬季は強い。強風のため雪は西側から運ばれ、南北に続く山稜の東側に多く積もる。氷期にも風向は同様であったはずであり、積雪の多い東斜面に氷河が発達していたようで、圏谷などの氷河地形も断然東側に多数存在する理由となっている。

構造土　凍結融解作用によってできる寒冷地特有の幾何学模様。
雪倉岳のものは階段状構造土の例として知られる。
8月上旬

槍沢　東鎌尾根から槍沢を俯瞰すると、氷河に削られたU字谷であることがよくわかる。
6月

羊背岩　氷河公園には、モレーン湖である天狗の池や、氷食で擦痕のついた羊背岩など、氷期の痕跡が多く残っている。
8月上旬

薬師岳中央カール　「薬師岳の圏谷群」の名で特別天然記念物に指定されている。カールの底に氷河が運んだ岩屑の堆石堤であるモレーン丘が見られる。
8月上旬

涸沢カール　日本最大のカールである涸沢では、崖錐が数多く見られる。崖錐とは、上部の岩場から削られて落下した岩屑が半円錐形に堆積した地形で、35度の傾斜で安定するという。
8月中旬

■古くて新しい山脈

北アルプスは、日本で最も古い飛騨変成岩（片麻岩《へんまがん》、結晶片岩）から、現在も活動している火山の噴出物まで、古い岩石から新しいものまで、多様な岩石から構成されている。

片麻岩は最も古く、かつてはユーラシア大陸の一部をなしており、20億年もの前に生まれた、何回も高圧・高温の変成作用を受けてきた岩石である。片麻岩の分布は、黒部峡谷の下流、宇奈月温泉付近から剣岳西麓まで、ほぼ南北に延びている。また、結晶片岩も変成を受けた岩石で、白馬岳、朝日岳周辺から、日本海の海岸にある親不知《おやしらず》にかけて分布している。

北アルプスで最も分布範囲の広い岩石は、中生代後期から新生代の古第三紀にマグマが岩石の中で形成された花崗岩類である。特に、北アルプスの中部や北部、黒部川や高瀬川の流域のほとんどがこの花崗岩である。黒部峡谷が非常に深く、狭い典型的なV字谷でありながら意外に明るいのは、この白い花崗岩が分布するためである。

また、燕岳のように岩石がぼろぼろに風化され、砂になっているのも、この地域の花崗岩を構成する鉱物が、温度変化による膨張・収縮を繰り返し、鉱物一つ一つがばらばらになったためである。歩くと砂場のように足を取られそうになる地域もある。さらに、山の形状も丸みを帯び、荒々しさがなく穏やかになっている。

松本盆地北部の高瀬川、中房川など、この地域から流れ出る川の両岸の扇状地を構成する礫や付近の岩は、すべて白い花崗岩である。この花崗岩をつくった地下のマグマの活動は、一部地表付近にまで及び、そのとき噴出した溶岩や火山灰は、北アルプスの稜線沿いに広く分布している。穂高連峰から槍ヶ岳にかけての安山岩、笠ヶ岳付近の流紋岩がそれである。後立山連峰の針ノ木峠から爺ヶ岳、鹿島槍ヶ岳、五竜岳、さらに白馬岳北側の山頂部、さらに立山連峰の薬師岳の山頂部も流紋岩である。ただ、安山岩、流紋岩としてまとめてはいるが、それぞれに溶岩や火山灰などから形成

燕岳　頂上付近は、風化に耐えた白い花崗岩がオベリスクのように立ち並ぶ。風化された砂礫は明るく、ハイマツの緑との対比が美しい。
9月下旬

柱状節理　岳沢ヒュッテの奥、扇沢まで登ると、穂高安山岩のきれいな柱状節理が見られる。
岳沢にて　8月中旬

された岩石が混じっている。槍ヶ岳から穂高連峰の稜線を構成するものは、高温の火砕流物質から形成された安山岩質の溶結凝灰岩《ようけつぎょうかいがん》で、硬く、穂高連峰の険しさの理由となっている。奥穂高岳南面岳沢に、溶結凝灰岩の、材木を並べたような柱状節理《ちゅうじょうせつり》が発達しているのを見ることができる。

また、北アルプス南部の梓川流域のほとんどには堆積岩が分布している。松本から上高地にいたる梓川沿いの山並みは、すべて中生代や古生代の海成の堆積岩である砂岩、泥岩、チャートなどからできている。同じ時代の海成層は北アルプス南部に、乗鞍岳から常念岳や大天井岳にかけて広く分布している。薬師岳周辺には、中生代の湖成層も見られる。

このように、いろいろな時代に形成された岩石が分布する山稜の高所を選んで、火山活動による噴出物が分布し、火山地形を形成している。乗鞍岳、焼岳、鷲羽岳、雲ノ平、立山など乗鞍火山帯の火山は、基盤そのものが高いところにあったのである。

北アルプスには、日本で最も古い岩石から、現在も活動している火山によるものまで、いろいろな岩石が分布している。このことは、時代ごとの活動の歴史を持っていることを意味し、古くて新しい山脈ということができる。そしてこの山脈は、今後も変動を続けていくのである。

■気候と植生

北アルプスは地形が急峻であるとともに、降水量が非常に多く、多雪地帯であることが植生に影響を及ぼしている。

一般に、植生は気温と降水量によって規制されるが、日本の場合は、植物の生育に著しい制約を与えるほどの乾燥状態はなく、おもに気温の違いにより植生が決まっている。標高が100メートル上がると、気温は0.5～0.6度低下する。また、緯度が高くなると気温は低下する。このように気温は、標高と緯度によって変わるので、全般的にみて、植生は標高と緯度によって左右されると考えてよい。

北アルプスでは、標高500～1500メートルほどが山地帯となっている。日本の山地帯を代表する樹種が落葉広葉樹林のブナであることから、ブナ帯または落葉広葉樹林帯とも呼ばれている。ブナをはじめとしてミズナラ、イタヤカエデ、トチノキ、ホオノキ、サワグルミなどの落葉広葉樹が繁茂している。太平洋側とは、スギの品種の違いや、ブナの葉が大きいなど同じ種でも違いが見られるが、これは積雪の影響である。

山地帯の上位、標高2400メートルほどまでが亜高山帯となっており、常緑針葉樹林帯とも呼ばれている。オオシラビソ(アオモリトドマツ)、シラビソ、コメツガなどの常緑針葉樹が特徴

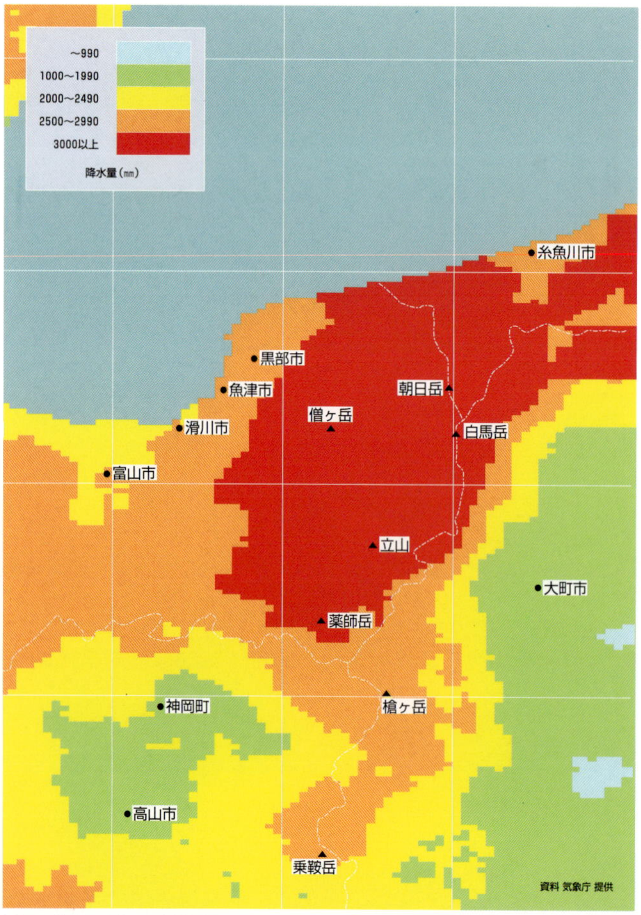

図4　北アルプスの年降水量
平野部などと比較して、北アルプス北部の降水量が特に多いことがわかる。

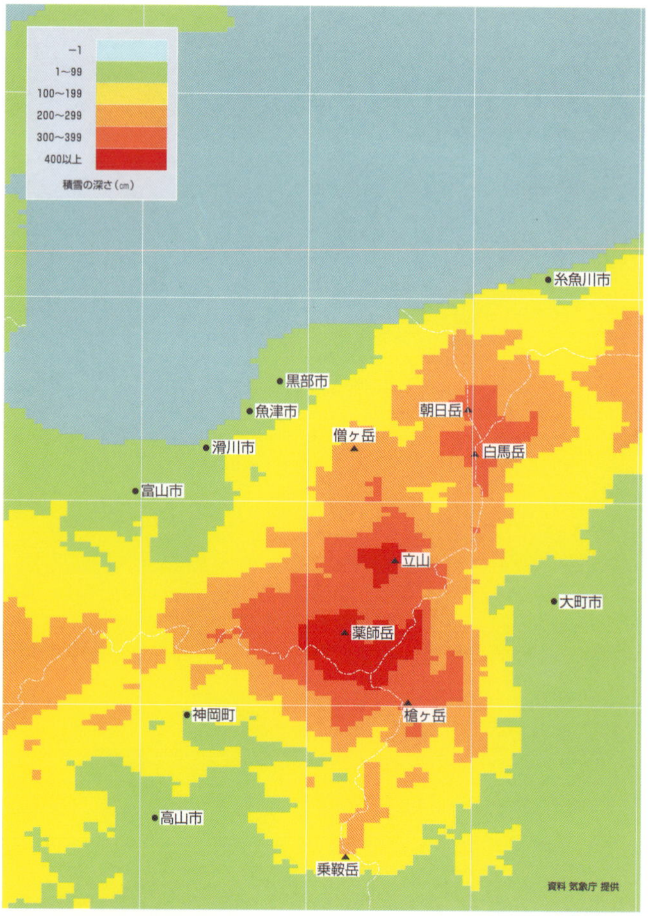

図5　北アルプス周辺積雪分布
1月の最深積雪分布を見ると、海岸地域から山岳地域に向かうにつれ、積雪が急増するのがわかる。

的に生育している。この亜高山帯の上限が森林限界になっている。

亜高山帯の上位が高山帯で、ハイマツが広く生育している。ただ、ハイマツも雪のほとんど積もらない強風地や、消雪が遅く生育期が極めて限られている雪田《せつでん》周辺のようなところでは生育できない。極度の多雪地では、コバイケイソウ、ハクサンイチゲ、チングルマ、イワカガミなどの雪田植物群が発達している。

図6　植物の垂直分布と緯度による変化

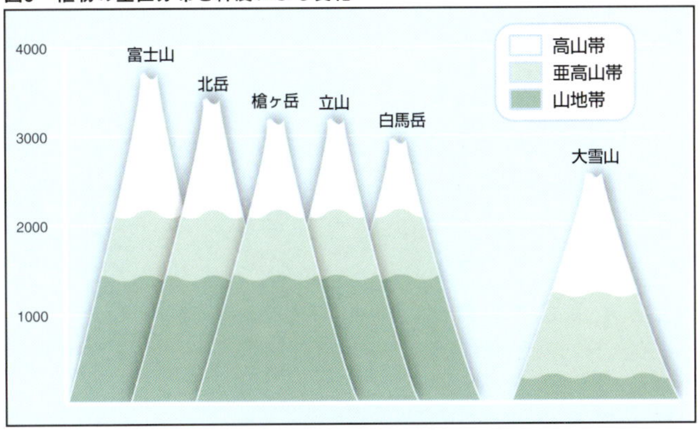

ハイマツ(下)　日本の山で高山帯に生育するのがハイマツである。まだほかの植物が入り込めない岩塊斜面に広がっている。
8月上旬

オオシラビソの林　標高2500m前後にある雲ノ平は、ほぼ森林限界でもある。ハイマツが優占していた高原にオオシラビソが侵入し始めた。
8月上旬

■生きている北アルプス

北アルプスでは、焼岳や立山の地獄谷のように、活発に活動を続けているところを直接見ることができるほかに、直接確かめることはできないが、確実に活動しているプレート運動がある。

日本列島は現在ユーラシアプレート、北アメリカプレート、フィリピン海プレート、太平洋プレートの4枚のプレートが力を及ぼし合っている(図2)。特に、北アルプス付近では、北アメリカとユーラシアの2枚のプレートが東西の方向から強く押し合い、北アルプスの隆起や断層運動に大きな影響を与えている(図3)。

北アルプス周辺の断層は横ずれで、東北東―西南西の方向をもつ右横ずれ系のものと、西北西―東南東の方向の左横ずれ断層である。前者は富山・岐阜県境の跡津川断層、牛首断層などである。後者は富山・石川県境付近の城端《じょうはな》―上梨断層、加須良《かずら》断層、岐阜県の下呂《げろ》から中津川にいたる阿寺断層、中津川付近の根尾谷断層などである。この2系列の断層は、一つのセットになっていると考えられており、お互いに直角に交わる断層のセットを「共役《きょうやく》断層」と呼んでいる。

図7のように、物体に力が加わると、お互いに交差する裂け目(断層)ができる。その裂け目が横ずれの動きをする。この共役断層の方向から、断層を生じさせてきた力の方向が東西方向であることがわかる。

今後とも、活動すると考えられる断層を「活断層」と呼ぶ。断層とは大地が裂け、移動することである。そのおりには必ず振動が伴うことは明らかである。大地の上に住む人間にとっては、大きな振動、すなわち地震となるわけである。活断層の動きが地震を起こしているのである。北アルプスでは、プレート運動により、東西方向の力が加わって大地に生じたひび割れが断層になる。力が加わっても、ある期間は歪みをためて耐えているが、ある限界を超えると、ずれ(断層)が生じる。

このように断層は周期的に、時間をおいて動き、そのときの振動である地震が発生する。約140年前の安政5(1858)年の飛越地震は、跡津川断層の動きによるものである。この断層はそれまでも何回も動き、そのたびに地震を起こしてきた。まだこれからも活動する、生きている断層である。この断層の露頭が、真川林道沿いのダム工事道路建設中に発見され、今も見ることができる。断層付近は破砕され、侵食されやすく、このように露出することは非常に珍しいことで、学問上からも貴重なものである。

北アルプスでは、最近も微小地震が何回も発生し、火山活動も起きている。このように北アルプスには生きている証拠が数多く、確実に生きている山脈なのである。

図7　共役断層

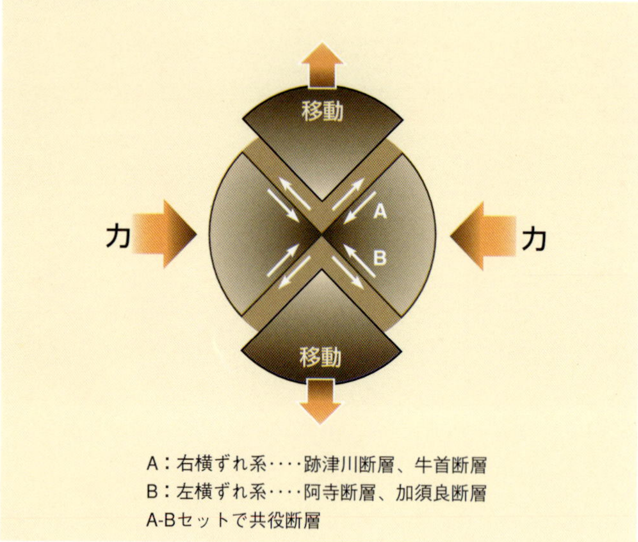

噴湯丘　高瀬川上流湯俣川左岸に形成されつつある。炭酸カルシウムからなる温泉沈殿物が堆積したもので、「高瀬渓谷の噴湯丘と球状石灰石」の名で天然記念物に指定されている。
三宅岳撮影

跡津川断層の露頭　跡津川断層は右横ずれ断層で、1858年の飛越地震は、この断層が動いたために起こった。
(立山カルデラ砂防博物館提供)

第2章

北アルプスの名峰

最近は、根雪となる降雪が遅くなり、
11月の小屋閉めになっても、うっすらと雪がつくだけだ。

新雪の奥穂高岳　涸沢岳から

闇の中から、
ほの白い槍ヶ岳の稜線が姿を見せた。

モルゲンロートに輝く槍ヶ岳　大天井岳から

ジャンダルムには雲が似合う。雲が背景を隠し、
特異なシルエットだけをきわだたせる。

夏雲わくジャンダルム　ロバの耳から

夕日が沈むころ、ガスがわくと滝谷は赤く染まる。
季節と時刻で微妙に違う赤色だ。

夕焼けの滝谷　滝谷にて

寒気による降雪の翌朝、涸沢の池に氷が張る。
雪と氷と岩と紅葉——涸沢の魅力がそろう。

涸沢槍倒影　涸沢にて

鹿島槍ヶ岳、五竜岳、唐松岳。
北安曇では後立山連峰の高峰から朝が始まる。

夜明けの後立山連峰　白馬村白沢峠

穂高連峰

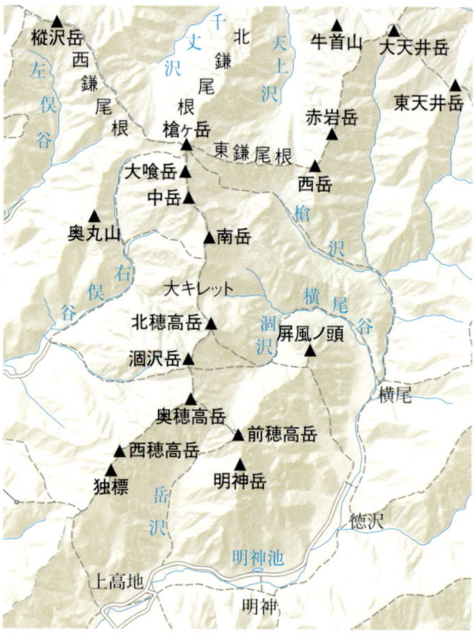

穂高連峰は北アルプス最高峰の奥穂高岳（3190メートル）を中心に、北アルプス南部に位置する。奥穂高岳の北には涸沢《からさわ》岳（3110メートル）、北穂高岳（3106メートル）、大キレットと続く。奥穂高岳の南東は吊尾根を経て前穂高岳（3090メートル）へ続き、南西は西穂高岳（2909メートル）に至る。奥穂高岳の北東には日本最大の涸沢カール（圏谷）があり、登山基地となっている。

山体は穂高安山岩などから成り、岩に割れ目が多く、水がしみて凍るため破砕などの侵食が著しく、山容は峻険である。大キレットから北穂高岳までと、奥穂高岳・西穂高岳間は鋭くやせた岩の稜線（ナイフリッジ）で、難コースとして知られる。北穂高岳の滝谷、前穂高岳の東壁、北尾根などはロッククライミングで有名。

穂高連峰／北東面　日本最大の涸沢カールを囲むように、3000m級の前穂高岳、奥穂高岳、涸沢岳、北穂高岳がそびえ立つ。

大天井岳から　1月上旬

穂高連峰が脚光を浴びるようになったのは、近代アルピニズムが起こってからのことである。里から展望しても、槍ヶ岳や常念岳のようにすっきりした姿をしているわけでない。そばに寄れば、切り立った岩と雪ばかりの山体で、生活の糧が得られる場所ではない不毛の地とされていた。ただ明神岳のふもとの明神に、穂高神社の奥宮が祭られていることが知られていただけで、信仰の山としては槍ヶ岳より重要ではなかった。

1893（明治26）年、イギリス人宣教師W.ウェストンが上条嘉門次の案内で、上高地の明神から前穂高岳に登頂し、国内外に積極的に紹介した。当時、穂高の名は前穂高岳を指しており、1880（明治13）年にW.ガウランドによって初登攀されていた。

日本の近代アルピニズムは、槇有恒《まきありつね》が、1921（大正10）年、アイガー東山稜を初登攀し、アルプス登山の思想と方法、用具を持ち帰ることによって始まった。舞台は槍ヶ岳、穂高連峰を中心に展開された。まず学生主体の登山が行われ、1933（昭和8）年、上高地にバスが入り、槍ヶ岳、穂高連峰は大衆登山の対象となり、数度の登山ブームを経て、現在は中高年層など多くの登山者を迎えてにぎわっている。

穂高連峰／西面　西鎌尾根から派生する中崎尾根の1ピークが奥丸山で、穂高連峰西面の展望にすぐれ、特に滝谷の岩壁は真正面になる。
奥丸山から　12月下旬

西穂高岳／南面　西穂山荘より少し登った丸山は、穂高周辺を眺める展望台である。北方正面に西穂高岳や独標が、お花畑の斜面の上にそびえている。振返ると上高地、焼岳、乗鞍岳の大パノラマが展開する。
西穂山荘付近丸山から　8月上旬

穂高連峰／東面（下）　蝶ヶ岳は、槍・穂高連峰東面の眺めにすぐれている。残雪豊富なカール群、槍沢や横尾谷のU字谷、前穂高岳や屏風岩の岩壁など、贅沢な景色である。
蝶ヶ岳から　7月下旬

新雪の穂高連峰　左手に前穂高岳、中央部に奥穂高岳、涸沢岳、北穂高岳が重なる。右手は西穂高岳
槍ヶ岳から　11月上旬

奥穂高岳(上)　日本第三の高峰である奥穂高岳の凄さは、近寄って見なければわからない。ロバの耳より振り仰ぐ西面からの奥穂高岳は、氷期以来厳しい寒暖による風化を受け、岩屑を集めたような山容を見せる。
ロバの耳にて　8月上旬

北穂高岳(下)　穂高連峰の展望台の一つが南岳である。大キレット越しに見る北穂高岳は、滝谷の北面の岩壁を見せている。斜面に遅くまで雪渓を残す本谷カールが、氷期に深くえぐり取られた姿を見せる。
南岳から　8月上旬

前穂高岳北尾根　前穂高岳北尾根はやせた岩稜である。北穂高岳東稜とともに、初歩のロッククライミングコースとして人気がある。コースとしては、屏風ノ頭と8峰間の最低鞍部から、5、6峰間の鞍部から、3、4峰間の鞍部から、の3ルートがある。

屏風ノ頭にて　8月上旬

涸沢岳　涸沢岳はいわば不遇な山である。3110mと日本で8番めの高さだが、奥穂高岳と北穂高岳にはさまれているため目立たない。しかし、穂高連峰の縦走路の中でも崩壊が激しく、遭難の最も多い場所である。

奥穂高岳から　10月下旬

西穂高岳　畳岩ノ頭から西穂高岳へのコースは、「天狗の大下り」で始まる。天狗のコルの先には、天狗ノ頭への岩壁が荒々しく、さらに先の間ノ岳より西穂高岳へと続く。その左手の頭のはげたピークは焼岳である。

畳岩ノ頭から　8月上旬

涸沢の四季

涸沢は、10月下旬から、6月上旬まで7ヵ月間は冬である。そして、6月上旬から10月下旬までの5ヵ月が春、夏、秋と下界の季節とは全く別の世界である。

◆

春—涸沢の春は、自然の春が訪れる前、山小屋の小屋開けに始まる。まだ山小屋は雪の中。そこにヘリコプターで運んだ除雪車と、スコップによる人力を加えての、雪に埋もれた小屋の掘り出しが始まる。ゴールデンウィークの登山は、雪上キャンプと、一部掘り出されたが、まだ大半は雪に埋もれたままのヒュッテが使われる。

長い冬の間、雪に埋まっていたナナカマドやミヤマハンノキなどは、雪の中から枝をムチのようにはね上げ、外に出ると、あっというまに芽吹いてくる。

◆

夏—夏山の魅力は、長大な雪渓につきる。涸沢には300張りに余る色とりどりのテント村が生まれる。下界の暑さをよそに、2400mの高度にある涸沢は、まぶしく輝く雪渓と黒々とした岩壁、3000mの峰々に囲まれた別天地である。好天に恵まれるこの時期は、涸沢をベースに、奥穂高岳や北穂高岳への登山が盛んである。

◆

秋—涸沢の秋は、長く厳しい冬を迎える前の、一瞬の華やかさを見せてくれる時である。涸沢の紅葉は、大雪山の紅葉と並び称されているように、豪華絢爛たる装いを見せる。まわりを高い峰に囲まれているためか、台風などに痛めつけられることが、他の山域に比べ比較的少ない。一年でいちばん短期間に、登山者が集中する時期である。

◆

冬—冬の涸沢は雪崩の巣になる。どこから雪崩が起きても不思議ではない。かつて、冬の穂高を登るのに利用されることが多かったが、最近は、よほどのことがない限り、涸沢を通ることは少なくなった。7ヵ月に及ぶ冬の間は深い雪に埋もれ、長い眠りについている。

春の涸沢(上)　6月末、涸沢カールへの道を登る。里では梅雨に入り、蒸し暑い季節である。横尾本谷までは初夏の装い、それが屏風岩の巻き道となる頃より、ミネザクラ、オオカメノキなど春の花が続く。そして、涸沢池ノ平のモレーンにさしかかる頃、雪渓から流れ出す沢で芽吹いたばかりのナナカマドに出会う。
涸沢にて　6月下旬

涸沢の秋(下)　山で美しく紅葉したナナカマドを見かけることは少ない。さらにダケカンバの紅葉となると、ほとんど枯れ葉となってしまい、黄色に色づいたものを見ることはほとんどない。そんなダケカンバを、涸沢上部モレーン丘で見つけた。
涸沢にて　10月上旬

大キレット(上)　槍・穂高連峰の間にある縦走路中の難所。氷食と風化により両側がえぐり取られ、鎌の刃のような狭い稜線となっている。風化により浮石や落石が多く、高度感もあって、緊張を強いられる場所である。
北穂高岳から　8月上旬

飛騨泣き(中)　槍・穂高連峰の縦走路は、北アルプスを目指すものにとって一度は訪れたい稜線である。その縦走路の最大の難所が大キレットであり、その核心部が飛騨泣きで、高度感あふれる岩場が続く。
大キレットにて　8月上旬

独標と上高地(下)　登ってきた道を、自分の目でたどれるのが西穂高岳の山頂である。上高地と焼岳、乗鞍岳の眺めがよい。この稜線で1967(昭和42)年、落雷により、松本深志高校生の11人が死亡した。
西穂高岳から　8月上旬

ジャンダルム(上)　ジャンダルムは衛兵の意味で、剣岳にもあるが、穂高のジャンダルムが固有名詞化して名が通っている。奥穂高岳の衛兵として屹立《きつりつ》する、独特の姿は一目見れば忘れない。
ロバの耳から　8月上旬

岩稜の縦走路(左)　奥穂高岳、西穂高岳、独標の縦走路は、北アルプスきっての厳しい岩稜歩きとなる。距離は約3キロと短いが、小ピークが24ヵ所もある。その中でも、天狗ノ頭から間ノ岳にかけては風化が激しく、逆層の岩は浮石、落石などあって緊張の連続となる。
間天のコルから　8月上旬

屏風岩(下)　前穂高岳北尾根の末端、横尾本谷に面した大岩壁である。氷河に削られた本谷はU字形をしており、同時に氷河で削り取られた岩壁は高度差が約600mある。横尾で分岐した涸沢への登山道は屏風岩の裾を巻いて続く。
南岳から　8月上旬

前穂高岳北尾根　涸沢の雪渓は遅くまで残っている。なかでもクレバスが少ない北尾根の3、4峰間の雪渓、5、6峰間の雪渓は、涸沢から北尾根や前穂高岳東壁へのルートとなる。

白出のコルから　7月下旬

明神岳と吊尾根　上高地から穂高を振り仰ぐと、奥穂高岳と前穂高岳をつなぐ稜線が美しくたわんでいる。このたわみを吊尾根という。明神岳は前穂高岳より上高地側に連なる稜線にある。穂高神社の奥宮であり、御神体としてあがめられている。穂高登山の初期に、明神岳はW.ウェストンらによって登山ルートに利用された。

奥穂高岳から　8月上旬

滝谷　剣岳、谷川岳と並ぶ岩登りのメッカである。蒲田川右俣より1400mの高度差があり、北から1尾根～5尾根と並ぶ岩稜が登攀の対象である。クライマーで賑わったが、遭難も多発した。

涸沢岳西尾根から　6月上旬

穂高連峰　徳本《とくごう》峠は、バス道路開通前、上高地へのメインルートだった。日本の近代アルピニズム発祥のきっかけを作ったW.ウェストンも峠を越え、槍・穂高連峰に登った。この峠へは、島々《しましま》より登りたい。峠に立って初めて仰ぐ穂高連峰の姿は、なにものにも代えがたい感動を与えてくれるに違いない。

徳本峠から　8月上旬

奥穂高岳残照　逆光のジャンダルムを背景に、
いてついた山頂のシュカブラが夕日に映える。
奥穂高岳山頂にて　1月上旬

初期山岳写真の語るもの

杉本 誠 *Makoto Sugimoto*
（文・写真提供）

1905年、わが国初の山の団体、日本山岳会が誕生した。その創立発起人7人のうち、4人は日本博物学同志会会員である。生物、鉱物、地質学などの研究を志す人々だ。当時の事情は、後に著名な植物学者になる武田久吉《ひさよし》（1883〜1972）の著書『明治の山旅』（平凡社ライブラリー）に詳しい。1905年8月の白馬岳登山では、山頂下の全壊同様の小屋を改築して、10日以上も滞在しながら昼は植物採集、夜は標本作りに明け暮れる様が克明に記してある。

同時期の登山風俗を見事に表現した1枚の写真が残る。松本女子師範学校（現在の信州大学教育学部）教諭、河野齢蔵《れいぞう》（1865〜1939）が山岳会発足2年後の1907年7月29日に撮影した「八ヶ岳高山植物採集会会員の記念写真」だ。武田の文にこの写真を重ね合わせると、どういう人たちが、何を目的に高山を目指したかが、明確な映像を伴って浮かび上がってくる。武田久吉、河野齢蔵ともに、生涯を通して登山、高山植物研究、写真撮影を続け、日本山岳写真史の最も重要な人である。

武田と同じく、博物学同志会会員で、山岳会創立に参加した高野鷹蔵《たかぞう》（1884〜1964）は、あまり多く語られることはないのだが、彼の最大の功績は1910年から17年まで、毎年1冊ずつ欠かさずに写真集『高山深谷《こうざんしんこく》』全8集を発行したことにある。日本に近代登山が始まって間もないとき、山の写真を撮る人がどこにいるのか、見当もつかなかったはずだ。彼は横浜在住であったが、八方手を尽くして写真家を探し、作品を集め、さらに撮影依頼をして、15人の作者による96枚の写真を、8冊に収めて後世に残したのである。

発行部数が50部から120部くらいまでだったから印刷ではなく、彼自身の手焼き印画紙を、台紙に張って製本したものだが、毎集趣向を凝らして、芸術品といえるほどの仕上がりを見せた。日本の山岳写真が草創期において、高い見識を持った高野という優れた編集者を得たのは、大変に幸せなことだった。

『高山深谷』に写真を提供している1人、志村烏嶺《うれい》（1874〜1961）には、1900年代に2つの記録すべき事柄がある。1904年8月に北アルプス白馬岳登山の際に撮った、雪渓と杓子岳《しゃくしだけ》および鑓ヶ岳《やりがたけ》の写真が、英国人ウォルター・ウェストンの手によって英国に渡り、「アルパイン・ジャーナル」23巻（1906年2月号）に掲載されたのである。白馬岳は、この写真によって初めてヨーロッパに紹介された。さらに彼は1909年、『山岳美観』1、2集を出すのだが、四ツ切判コロタイプ印刷で、日本初の大判山岳写真集になった。志村の本名は寛《ひろし》、栃木県出身で1903年から長野中学校（現在の長野高校）で博物の教諭をしていた。

高野鷹蔵・編著『高山深谷』第5集（日本山岳会刊） 写真台紙を2枚のベニヤ板ではさみ、2本の細ヒモでくくってある。表紙は山岳画家茨木猪之吉氏の焦絵。

乾板写真は20世紀の貴重な記録

これまで紹介してきた写真は、キャビネ判のガラス板に感光剤を塗布した“乾板《かんばん》”を使う、組立暗箱カメラで撮影された。組立の文字が入るように、ボディー、レンズ、シャッター、乾板を収める取枠《とりわく》の各部分が別々になっていて、現場で組み立ててから、これも大きな木製三脚に取り付けて、ようやく撮影可能になる。手間のかかることは現在のカメラとは比較にならず、露出時間も長い。一日に5、6枚撮れればいいほうだった。したがって、風や気象条件を慎重に見定めつつ撮影された1900年代初期の山岳写真が、どんなに貴重品であるかは、想像もできないほどである。

こうした不便な時代を経て、山岳写真家の間に手札判ハンドカメラや、ロールフィルム用小型カメラが使われだすのは1920年前後からだ。それは写真の内容に大きく反映し、行動中の登山者が被写体になってきたし、撮影枚数もぐっと増えてくる。その先駆的役割を果たしたのは、冠《かんむり》松次郎（1883〜1970）である。冠は組立暗箱、ハンドカメラ、小型カメラの3機種を持ち、被写体に応じて使い分けた。

彼は北アルプス北部の黒部渓谷に着目し、ほとんどの登山者が、山頂目指して登るのを目的に行動するとき、渓谷の“降りの美”を写真に撮った。激しい渓流の徒渉や、足場が悪くて三脚を立てる余地のない所などでは、ハンドカメラや小型カメラが大いに役立った。

日本で山をカラーフィルムで撮り、雑誌に発表したのは1950年7月号の「山と渓谷」誌に載った風見武秀撮影「池の平より剣・八ッ峰」が早いほうだと思うのだが、前述の河野齢蔵、志村烏嶺などの人たちは、もちろんモノクロ写真しかない時代に、乾板からのプリントや幻灯板（現在のスライド）に着色するという手法でカラー写真を作り、山の集会などで公開した。平地では見ることのできない山岳景観や、高山植物の素晴らしさを多くの人に伝えたいための工夫である。

山がまだ原始の姿を保っていた時代に撮られた、これら山岳写真誕生期の作品は、1枚1枚に細心の注意を払い、明白な伝達の意図を持って写されているだけに強い力があり、20世紀の貴重な記録として、これからもゆるがぬ存在感を示し続けるに相違ない。

冠松次郎「奥仙人谷の吊り橋」 黒部は両岸が切り立った岩壁のため、岩を刻んで道をつけ、それもできない個所には吊り橋を架けた。

1925（大正14）年8月撮影

志村烏嶺「白馬雪渓と杓子岳および鑓ヶ岳」 写真の書き込み、1907年5月号は1906年2月号の誤記と思われる。

1904（明治37）年8月21日撮影

河野齢蔵「八ヶ岳高山植物採集会会員の記念写真」 前列中央は植物学者の牧野富太郎。

1907（明治40）年7月29日撮影

槍ヶ岳

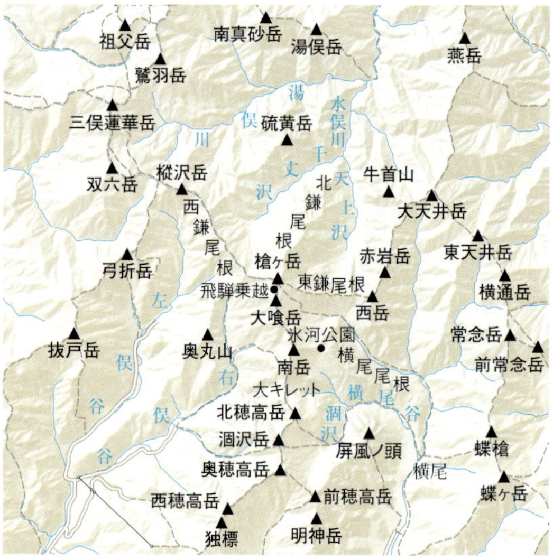

長野・岐阜県境、北アルプスのほぼ中央部に位置する。標高3180メートル。山体は穂高安山岩類からなる。三方は東鎌、北鎌、西鎌と呼ばれる氷食による鋭い岩稜尾根で、南への尾根は穂高連峰に連なる北アルプスの主稜線である。四方向に延びる稜線の間は、槍沢、飛騨沢、千丈沢、天上沢で、谷氷河に削られたU字谷になっている。山頂は四方から氷食を受けながら、硬い岩が風化に抵抗して残った氷食尖峰である。

槍ヶ岳／北東面　燕岳から続く表銀座縦走路からそれているため、通過してしまいがちの牛首山に登る。北鎌尾根と槍ヶ岳が正面に見える。
牛首山から　8月上旬

槍ヶ岳の開山は、播隆上人《ばんりゅうしょうにん》が文政11(1828)年、仏像3体を山頂に安置することによってなされた。1878(明治11)年、日本アルプスの命名者、W.ガウランドが登頂。1891(明治24)年にはW.ウェストンも登って『日本アルプスの登山と探検』を発表したことにより、その名が広く知られるようになった。1902(明治35)年、小島烏水《うすい》と岡野金次郎の二人が登り、下山後ウェストンと知り合い、イギリスに倣った山岳会設立をすすめられた。これが、1905(明治38)年に日本山岳会が創立されるきっかけとなった。

初期の登山者を槍・穂高連峰に案内した一人に、猟師で山案内人の小林喜作がいる。喜作は、大天井岳から東鎌尾根を経て槍ヶ岳に至る「喜作新道」を開設したが、このコースはこれまでの半分の距離で、登山の大衆化に役立った。これが今日の表銀座縦走路で、喜作を記念するレリーフが大天井岳にある。

1922(大正11)年、慶應大学の槇有恒、大島亮吉らによって槍ヶ岳積雪期初登攀がなされた。同年、早稲田大学、学習院パーティが前後して北鎌尾根に登って話題となり、日本における岩登りに先鞭をつけた。北鎌尾根は、最も困難なルートとされ、1943(昭和18)年1月、慶應大学の加藤喜一郎らによって厳冬期の初登攀がなされた。1936(昭和11)年、『単独行』の著者、加藤文太郎のパーティ、1949(昭和24)年には、登歩渓流会の松濤《まつなみ》明と有元克己など多くの遭難者を出し、「魔の尾根」とも呼ばれた。松濤らは、壮絶な遺書をつづり、後に『風雪のビバーク』ほかの作品で知られるが、このときは北鎌尾根から穂高連峰への積雪期初縦走を目指していた。

槍ヶ岳／北西面　樅沢《もみさわ》岳は、槍・穂高連峰を西側から眺めるのに絶好の場所。西鎌尾根のゆるやかな稜線と、北鎌尾根の荒々しい岩稜との対比がおもしろい。
樅沢岳にて　8月上旬

槍ヶ岳／南東面(下)　標高、規模、眺望のいずれをとってもここにまさるコースはない。
蝶ヶ岳から　7月上旬

夏の槍ヶ岳　槍岳山荘を出たときは、霧の中だった。ときどき頭上に青空がのぞいていた。飛騨乗越から大喰岳への登りにかかるころには霧が晴れ、夏の槍ヶ岳がそそり立っていた。
大喰岳にて　8月上旬

大槍と小槍　冬の槍ヶ岳撮影は、槍岳山荘の冬季小屋を基地にする。小屋の中に冬用テントを張る。
槍の肩から　1月上旬

● 槍ヶ岳山頂からの眺望　槍ヶ岳は四方に尾根を延ばし、その間に氷食による谷を抱く。

穂高連峰への主稜線

北鎌尾根と後立山連峰

西鎌尾根と三俣蓮華岳

東鎌尾根と常念岳

新雪の槍ヶ岳(上)　近年、根雪となる降雪の時期が遅くなった。かつては10月中旬ともなると、稜線にはたっぷりと雪が積もり、純白の世界を見せてくれたものだ。この年は峰々もやっと薄化粧した。
涸沢岳にて　10月下旬

東鎌尾根と槍ヶ岳(下)　鎌尾根らしくやせてはいるが、表銀座コースの名前のとおり、登山者の数は最も多い。
東鎌尾根にて　8月上旬

● 槍ヶ岳を望む　その特徴ある鋭い山容は、北アルプスのどこからでも見ることができる。

東鎌尾根と槍ヶ岳　西岳から　1月上旬

イルカ石と槍ヶ岳　燕岳から　1月上旬

西鎌尾根と槍ヶ岳　樅沢岳から　8月上旬

コバイケイソウと槍ヶ岳　硫黄乗越にて　7月下旬

三俣蓮華岳からの槍ヶ岳　7月下旬

雲海と槍ヶ岳　樅沢岳から　10月上旬

黒部源流と槍ヶ岳　雲ノ平から　8月上旬

秋の鏡平と槍ヶ岳　鏡平にて　10月上旬

槍ヶ岳遠望(左)
鹿島槍ヶ岳から　10月上旬

紅葉の槍沢(60頁～61頁)　すばらしい紅葉を撮るチャンスは少ない。氷河公園の分岐付近には、ナナカマドがみごとに色づいていた。
10月上旬

槍沢の秋　西岳は槍ヶ岳の最高の展望台である。槍沢の俯瞰もなかなかよい。この年は紅葉がすばらしく、毎日少しずつ山腹を下っていくのを観察できた。
西岳より　10月上旬

初夏の槍沢　大曲りを過ぎると槍沢上部が明るく開けてくる。ハイマツにおおわれたモレーンの先に、槍ヶ岳が待っている。
大曲り付近にて　6月下旬

硫黄尾根　西鎌尾根上のピーク左俣岳から北東に延びており、尾根のなかほどに硫黄岳がある。尾根末端に湯俣温泉、天然記念物の噴湯丘があるように火山活動に関係がある。
西鎌尾根硫黄乗越から　8月上旬

羊背岩と槍ヶ岳　カールをつくった氷は、その重みでカール底の岩を摩滅させる。カール底が凹地となって天狗池が残されたのと同じ働き。人里にない風景から、天狗原と名づけられ、氷河地形が多いため、氷河公園とも呼ばれる。
氷河公園にて　8月上旬

column

播隆上人と槍ヶ岳

Sadao Hokari 穂苅 貞雄

播隆《ばんりゅう》上人は天明6(1786)年、現在の富山県上新川郡大山町河内の山村に生まれた。生家は古くは一向宗の道場《どうじゃ》であった。それは簡易寺院といったものであったので信仰心の篤い家庭に育ち、19歳頃出家した。そしていくつかの寺に身を寄せたが、当時の寺院は俗界同様に乱れていて、純粋に道を求めようとする播隆には全く合わないものであった。そこで師の許しを得て、寺を出て深山渓谷へ踏み入り、厳しい修行をする念仏行者となったのである。その修業場跡は岐阜、愛知、滋賀、長野の各県にみられ、また播隆の名号軸、名号碑などの遺物も数多く残されている。このことは播隆の布教が広範囲であり、彼に帰依した信者が多かった証である。

文政4(1821)年には播隆は飛騨高原郷(現上宝村)の杓子の岩窟で90日間も籠り修行、翌5年にも再び同所に入り年を越している。そして文政6年6月には、杓子の窟の尾根から続く笠ヶ岳へ偵察登山をしたのである。播隆の笠ヶ岳登山は4回に及ぶが、笠ヶ岳からは槍・穂高の連峰が眼前に眺められ、その中で一際高く天を衝く槍ヶ岳の鋭鋒に魅せられた播隆は、その開山を決意したのである。

はじめ飛騨側から槍へ登ろうとしたが、地元にはこの方面の案内人が得られなかった。そこで笠ヶ岳登山の基地である本覚寺の椿宗《ちんじゅう》和尚より、飛騨新道の情報を得て信州側から登ることにした。信州松本の玄向寺の立禅和尚を訪ねたのは文政9年夏のこと。立禅の紹介で小倉村の鷹庄屋の中田九佐衛門を知る。中田家は代々鷹の雛を捕らえ、公儀の鷹狩用に献ずる家柄であったから、この付近の地理には詳しかった。九佐衛門は老齢であったので、別家の娘婿中田又重郎を案内人として推薦したのである。

諸準備を整え、播隆は又重郎と共に飛騨新道入口の小倉村より冷沢《つべたさわ》－鍋冠山－大滝山へ登り、そこで新道と分かれて蝶ヶ岳に向かいワサビ沢を下って梓川に出た。当時上高地一帯は松本藩の森林伐採が行われ、杣小屋は上流の二俣にもあった。そこから上流は人跡未踏の地を進むので、雪解けの冷たい梓川の徒渉や時には大岩をよじ登り、また森林を切り開くなどして赤沢の岩小屋に到着、さらに上流へ進み、大曲りからは雪渓を渡り、足下に咲く可憐な高根の花になぐさめられて、槍沢の上部にある岩小屋にたどり着いたのである。この岩小屋はその後も播隆の修行場となった。一行はここに泊まり、晴れた日は槍の肩まで登って槍の岩壁の登路を偵察し、登れる確信を得て下山した。この時播隆は、この清浄無垢の槍の峰に、阿弥陀如来《あみだにょらい》像を安置することを決意し、下山後、その浄財を得るため、各地を巡錫《じゅんしゃく》したのである。

それから2年後の文政11(1828)年、浄財で鋳造した仏像をたずさえて、再び小倉村を訪れた。又重郎はじめ村民たちは播隆との再会を心から喜び迎えた。第2回目の登山は岩窟までは楽に行けたが、槍の岩壁では手がかりを求め足場を探すなど大変な危険をおかして、ついに槍ヶ岳初登頂に成功したのである。時に7月20日。播隆は又重郎と手をとりあって、喜びのあまり感涙にむせんだことであろう。頂上に岩を集めてささやかな祠を造り、その中に3体の仏像を安置し国家の安寧と五穀の豊作を祈った。また下山後の8月1日には穂高岳にも名号石を安置した。このことは、播隆開基の岐阜県揖斐川町にある一心寺の古文書に記されている。しかしそれが穂高岳のどの峰であるかはまだ判明していないが、槍・穂高初登頂という歴史的快挙を成し遂げたのである。

播隆は各地を布教して歩き、天保4(1833)年8月、5人の弟子たち、信者数名と又重郎を加えた多数で第3回目の槍ヶ岳登山をしている。この登山では全員を下山させ、播隆一人岩窟で別時念仏《べつじねんぶつ》を勤めていたが、8月も末になると高山では氷がはる寒さになる。里でも急に寒くなったので又重郎は心配して登ってみると、播隆はきびしい寒さのため衰弱し動けなくなっていた。彼は播隆を背負って辛うじて小倉村へ戻ったという。

第4回登山は天保5(1834)年6月18日であった。弟子数名、松本新橋の大阪屋佐助、他に猟師2人、飛騨から来た信者の土工も参加した。彼らは頂上を平にして祠を造り、今回新たに奉持した銅仏像と、先年安置した3体に加えた4尊を槍ヶ岳寿命神として祀った。また槍の岩壁百間(180m)のうち七十間に、藁縄《わらなわ》で作った善の綱をかけ登山者の安全を図った。この時播隆は岩窟に53日間も籠り、その間に先年再興した笠ヶ岳へ西鎌尾根を通り登っている。

播隆は翌天保6年6月24日にも、第5回目の槍登山をしている。なお播隆は、槍ヶ岳登拝者の安全を図るため、鉄鎖をかけることをかねてから考えていたので「信州鎗嶽略縁起」を起草し、これを大阪屋佐助が木版で刷って、各地に配布、鉄鎖の募金を始めたところ、たちまち多数の信者から寄進が寄せられて、鉄鎖はできた。そして信者達の手で小倉村へ運ばれてきた。ところが思わぬ障害に出遭ってしまった。播隆が槍ヶ岳を開山しその名声が高まると、各方面より風当たりが強くなり、その当時の天保の飢饉は「怪僧が清浄な山へ登ったので神が怒って凶作にした」などと言いふらす者があり、松本藩も捨ておけず、ついに鉄鎖を差し押えてしまった。しかし又重郎ら信者の強力な運動が続けられ、4年後の天保11(1840)年にはやや豊作になったので、鉄鎖懸垂が許可された。

その時播隆は病気になり、松本玄向寺で療養の身であったが、信者たちにより無事鉄鎖はかけられたのである。9月になり播隆の病も回復してきたので、松本近郊の信者たちに鉄鎖懸垂のお礼と暇乞いをして、中山道を通り自分の寺の一心寺へ帰る途中、美濃太田の脇本陣林家で再び病を得て大往生、天保11(1840)年10月21日、行年55歳であった。播隆の槍ヶ岳開山は宗教的意図のもとに行われたが、その心底にはより高く、より険しさを求めるアルピニズムの精神が宿っていたのである。

播隆窟と槍ヶ岳　穂苅貞雄撮影

白馬岳

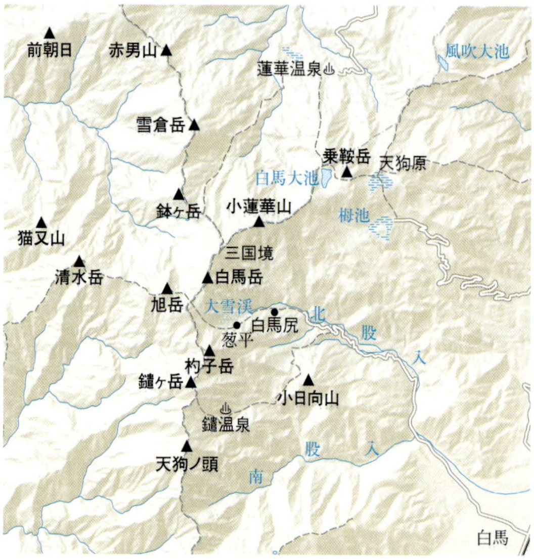

長野・富山県境、北アルプスの後立山連峰北部に位置する。標高2932メートル。南の杓子《しゃくし》岳、鑓《やり》ヶ岳とともに白馬《しろうま》三山と呼ばれる。山名は、残雪期に大きな黒い馬の雪形が現れることに由来する。この地域の農家では、雪形を代掻《しろか》き馬に見立て、田植えの準備、代掻きの目安とした。

白馬岳と杓子岳　北アルプスが隆起し、松本盆地が沈降したとされるが、地震のときでもないと大地の活動は実感できない。白馬岳周辺は長野県側が急、富山県側が緩の非対称山稜で、北アルプスの成り立ちが理解しやすい。
鑓ヶ岳から　8月上旬

白馬岳を特徴づけるものとして、日本三大雪渓の一つである白馬大雪渓と、特別天然記念物「白馬連山高山植物帯」がある。高山植物は、日本に生育する約470種のうち250種以上が見られる。後立山連峰では、長野県側が急斜面、富山県側が緩斜面で、長野県側に白馬大雪渓などが、富山県側に雪田が多い。北アルプスのなかでも屈指の豪雪地帯で、稜線は季節風にさらされ、流紋岩を主とする複雑な地質ともあいまって、自然景観はきわめて変化に富んでいる。1883（明治16）年、窪田畔《くろ》夫《お》、渡辺敏らの登頂以来、初期の登山者は、河野齢蔵ら植物学者や、地形研究者が多かった。日本に氷河があったという最初の指摘が、1902（明治35）年白馬岳に登った山崎直方によってなされた。志村烏嶺の撮影した白馬大雪渓と、杓子岳、鑓ヶ岳の写真が1906（明治39）年、イギリス・アルパインクラブ機関誌「アルパイン・ジャーナル」に掲載され、北アルプスが、海外に初めて紹介された。

白馬岳北部　白馬岳の北西面は、ゆるやかな斜面である。8月に入っても雪渓が残る一方、強風のため山肌がむき出しのところもある。鉢ヶ岳には二重山稜が見られ、高山植物の種類が多い。
雪倉岳から　8月上旬

白馬連峰（下）　空から眺める白馬連峰は、右手の天狗平のなだらかな稜線を経て、北へ鑓ヶ岳、杓子岳、白馬岳の山頂が連なる。西にあたる富山県側はなだらかな稜線である。
空撮　10月下旬

白馬岳　白馬岳をあとに白馬三山の縦走へと向かう。丸山から杓子岳へはゆるやかな尾根道である。杓子岳の登りから振り返ると、白馬岳が信州側から押し寄せる雲海にまさに飲み込まれようとしている。
杓子岳から　8月上旬

お花畑と杓子岳、鑓ヶ岳　白馬山荘の下、南斜面に広がるお花畑。ミヤマキンポウゲ、ウルップソウなどが咲く。お花畑の向こうに杓子岳、鑓ヶ岳が連なる。
7月下旬

鉢ヶ岳　鉢ヶ岳の南西斜面は、季節風の影響で風衝地とハイマツ帯となる。山の東側は雪渓が残り、お花畑と好対照をなしている。
三国境付近にて　7月下旬

二重山稜　白馬岳の北、三国境付近で見られる。舟窪《ふなくぼ》とも呼ばれ、山稜の片側が谷側へずり落ちるなどしてできる地形。遠景は小蓮華山
三国境付近にて　7月下旬

白馬岳と後立山連峰　キレット小屋を出て、撮影しながら鹿島槍ヶ岳に向かう。途中ガスだったが、鹿島槍ヶ岳に登るころからガスを抜けて、雲海の上に出た。振り返ると白馬岳から五竜岳、八峰キレットの尾根道がはるかに続く。
鹿島槍ヶ岳から　8月上旬

大雪渓とお花畑　北アルプスの中でも大量の雪が残る白馬大雪渓。登山者も多く、ほとんどが天候の安定する夏山に集中する。都会の暑さを逃れ、天然の冷蔵庫のような雪渓を登る。
7月下旬

● 白馬岳周辺のお花畑

特別天然記念物「白馬連山高山植物帯」は、白馬岳を中心に新潟、富山、長野の三県にまたがり、後立山連峰の鹿島槍ヶ岳以北を占める。高山の地形・標高、地質、気候に加えて、最大の理由である多雪のため、種類も多く、日本の高山植物の宝庫といわれる。シロウマの名を冠する植物は10種を超える。

長池　三国境から鉢ヶ岳への斜面にある。

旭岳　清水《しょうず》岳にかけてお花畑の群落が見られる。

杓子沢コル付近　縦走路の南斜面にお花畑が広がる。

照《てる》葉《は》の池　朝日岳から日本海に抜ける栂海新道にある。

赤岩　小雪渓上部のこの付近は白馬岳を代表するお花畑である

大出原《おいでっぱら》　鑓ヶ岳南斜面にあたり、お花畑で有名。

白馬大池　白馬岳北東、乗鞍岳の山頂直下にあり、周囲はお花畑。

朝日平　朝日岳周辺は登山者も少なく、高山植物の宝庫である。

栂《つが》池　この高原は大量の降雪があり、高層湿原となっていて、ミズバショウ、ワタスゲ、ヒオウギアヤメなどが咲く。

column

雪形の由来

Tatsuya Zaitu **財津 達弥**

北アルプスの雪解けが進むと、種まき爺さん、お坊さん、鶏、蝶、馬、鍬《くわ》など、さまざまな雪形が山肌に出現する。山麓で生活する人々は、古くからこの雪形を、農事に関する目安として用いてきた。また、雪形が親しみ呼ばれるうちに、いつしか山の名として定着していったものもある。

例えば北アルプスの白馬岳は、毎年5月初旬頃、田の代掻きの適時に、代車をひくための馬が、残雪の間から黒くあらわれるため、「代馬(しろうま)岳」という名がおこったという。我が国の近代登山、博物学の推進者として知られる矢沢米三郎は、『日本アルプスの研究』(三省堂、1935年)のなかで、「陸地測量部で白馬の字を当てたのは無論誤りで、まもなく山師連が銅鉱を発見したとかで、中央へ出て白馬鉱山の名を吹聴したので、山の名を『ハクバ』という方がハイカラのように聞え、純朴な土地の人までもこれに雷同するようになった」と記している。

しかし、「雪形」という用語自体は、比較的新しいものである。山村民俗の研究者の岩科小一郎は、次のように述べている。

「いろいろな書物に記されていた雪形例を七十ほど集めて、昭和十三年に『残雪絵考』という一文を山岳雑誌『山小屋』に発表した。どうも残雪絵という名称は歯切れが悪い、何かそのものピタリの呼び名はないかと考え、“雪形”という語を思いついた。これは柳田国男先生の『山村語彙』(昭和七年十一月刊)に、ウサギユキ・ニンギョウユキ・ノリモノガタなど七種の雪形の記事があるのから、ユキとガタを採って雪形と合成したものである。この語は昭和十八年刊の『登山講座』(山と渓谷社)第五巻の拙稿『山岳語彙』に挿入して発表した」(後に、岩科小一郎「雪形考」は『山の紋章 雪形』に収録)

こうして岩科によって命名された「雪形」を、後年、山岳写真家の田淵行男が、民俗学者の向山雅重、画家の加藤淘綾らの協力を得ながら調査し、全国の雪形の写真、絵、伝承事項、望見地域、出現時期などをまとめ、『山の紋章 雪形』(学習研究社、1981年)として発刊した。これによって、雪形という言葉が辞書などにも掲載されるようになり、俳句の季語や小説の題名等にも使われようになった。

前にも述べたが、雪形にはさまざまなものがある。田淵の調査によると、雪形の題材として最も多いのが、種まき爺さん、僧、乙女などの人形《ひとがた》で、次いで馬・駒、牛、鶏、犬、猫といった動物、さらには鍬、鋤《すき》、鎌、畚《もっこ》といった農具が続くという。

このように、雪形の登場するものをみていくと、当時の農民の想像力や生活意識を垣間見ることができ、興味深い。また県別の雪形の数量では、新潟県が最も多く、次いで長野県、山形県、秋田県の順となっており、現在でも米の収穫量トップクラスの県が名を連ねている。このことからも雪形と農業が密接な関係があることがわかる。

雪形は大きく分けて二つの種類がある。その一つは残雪そのものの造形で白く現れるもの、もう一つは残雪の中に岩陵などの突出物が描き出した黒い像を浮かべるものである。田淵は前述の『山の紋章 雪形』のなかで、前者をポジ型、後者をネガ型と呼んで分類しているが、信州ではネガ型が圧倒的に多く、東北地方の各県では逆にポジ型が多い。田淵は同書の「白い雪形・黒い雪形――ポジ型とネガ型――」の項で、「信州の雪形はそのほとんどが北アルプスと中央アルプスの高峻な山の掲げるもので、標高の点からも雪形シーズンの現場は当然豊富な残雪に覆われている。それに対し、東北地方で野良仕事が始まる季節は概して遅く、農事の目安となる雪形の現れる山も標高が低くなっているので、当然黒地の山肌に白く象眼されたものになるわけである」と述べている。

では、雪形は全国にいくつぐらいあるのだろうか。望見できる地域が狭い場合、記録として残される前に忘れ去られてしまうこともあり、正確な数は不明だが、300体以上はあると言われている。現在では、農業形態の変化によって、農事暦としての使命はすでに終わったといっていい。しかし、雪形の出来具合は、冬の積雪量と春の気温で大きく変化する。地球温暖化が叫ばれて久しいが、微妙な自然の移り変わりを読み取るためのひとつの方法といえるではないだろうか。また貴重な民族の文化資料として、多くの人が関心を持ち、消え去ろうとしている雪形を掘り起こす作業と、それを後世に語り継いでいくための試みが、今後ますます活発になっていってほしい。

代掻き馬　画面中央で左手白馬岳を向いている　　田淵行男撮影　田淵行男記念館所蔵

剣・立山連峰

立山周辺

立山は富山県東部、北アルプス北西部を占める立山連峰の主峰群を指す。山体は飛騨変成岩類の花崗閃緑《せんりょく》岩で構成されている。「立山」と呼ばれる山頂はなく、富山方面から見える雄山を中心に剣岳、別山《べっさん》、浄土山、薬師岳を総称して立山連峰としていた。単に立山という場合、現在は雄山、大汝山《おおなんじ》、富士ノ折立《おりたて》の3峰をまとめていうことが多くなった。

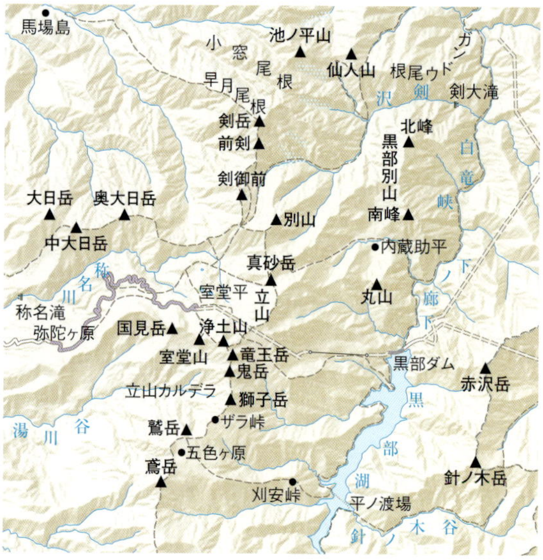

ミクリガ池と立山　この池は立山の寄生火山の小爆裂火口に水が溜まったものと考えられている。長径246m、短径160m、深さ19mの出口のない湖である。池からは、立山3峰が、右から雄山、大汝山、富士ノ折立と、正面に眺められる。

ミクリガ池にて　10月上旬

富士山、白山とともに日本三霊山の一つとされてきた、宗教登山の山。開山は平安時代以前にさかのぼるとされる。開山にあたった佐伯有若の署名が、延喜5(905)年の文書にある。信仰登山は江戸時代に全盛を迎えるが、明治の廃仏毀釈後、衰退した。しかし、成人の通過儀礼として、登拝は続いていた。

近代登山の舞台として忘れられないのは、最初の冬山遭難が立山で起こったことである。1923(大正12)年1月、槇有恒、三田幸夫、板倉勝宣のパーティが松尾峠で遭難、板倉が死亡した。

かつては、富山平野から歩いた立山への登山道は、近年、交通の発達によって様変わりした。まず、1954(昭和29)年、弥陀ヶ原のふもと千寿ヶ原(現立山駅)と美女平間のケーブルが開通した。翌55年、立山高原バスが弥陀ヶ原を美女平から弘法まで走り始め、登山ルートはこれが中心になった。バスは毎年のように路線を延ばし、1964(昭和39)年、室堂に乗り入れ、室堂平の観光地化は進んだ。1971年、関係する交通機関すべてが開通し、室堂平・大町が結ばれると、もはや山岳公園といえないほどの観光客の急増を見た。開通前年16万人であった利用者は一気に65万人となり、1986年以降、100万人を超えている。

剣岳　穂高連峰と並ぶ「岩の殿堂」である。立山連峰のゆるやかな山並みのなかで、剣岳は鋭い岩峰としてそそり立っている。一般登山道も剣御前から続いているが、悪場の連続である。
剣御前　9月下旬

剣岳東面　日本海に面した剣岳は、冬の季節風をまともに受ける。世界でも有数の豪雪地帯で、その東面には、ヒマラヤひだのような縦のしわがくっきりと刻まれる。
棒小屋沢から　12月下旬

立山カルデラと剣・立山連峰(下)　立山カルデラの名はあまり知られていないが、室堂から弥陀ヶ原にかけての火砕流台地をつくった火山が、侵食崩壊してできたものである。
空撮　8月上旬

雄山、大汝山、富士ノ折立　立山という固有の山はなく、かつては富山平野から眺める山々を呼んでいたようだ。現在はこの3峰を総称して立山と呼ぶことが多い。血の池は水酸化第二鉄により、水は赤色を呈する。
血の池にて　10月上旬

立山火山(上)　空から眺めると美女平、弥陀ヶ原、室堂が一連の台地であることがよくわかる。これをつくりだしたのが、すり鉢状の谷の立山カルデラにあった火口だということが容易に想像できる。

空撮　6月上旬

剣沢(左)　剣岳は被写体としてもよいが、展望もすぐれている。立山の先に遠く槍、穂高まで望める。眼下の剣沢は積雪が多く、雪渓は10月に入ってようやく小さくなる。

剣岳山頂にて　10月上旬

真砂岳、別山、剣岳　真砂岳にある内蔵助《くらのすけ》カールは世界でも有数の積雪量があり、大量の雪渓が残る。真砂岳の先に別山、その先に剣岳が見える。
富士ノ折立にて　10月上旬

浄土山と薬師岳遠望　浄土山は雄山、別山と合わせて立山三山と呼ばれる。雄山とは一ノ越の鞍部を経てつながる。山頂には祠と、南西寄りに富山大学立山研究所がある。
別山乗越から　10月上旬

別山　立山連峰中には別山と黒部別山があり、まぎらわしい。別山は剣沢カールの最奥部に位置し、剣岳を見る絶好の展望台である。
真砂岳にて　10月上旬

立山と竜王　立山3峰の頂上が横に長く続く山頂を見慣れた者にとって、三角錐に見える立山は、別の山のようだ。斜面に東一ノ越への道と、主脈への縦走路が続く。
鬼岳から　8月上旬

奥大日岳の夕日　アルペンルートの開通によって、雪深い5月でも、室堂に楽に入ることができる。
室堂にて　5月上旬

雷鳥沢の紅葉　北アルプス屈指のライチョウ生息地にちなむ地名。ナナカマドが色づく。
10月上旬

弥陀ヶ原　弥陀ヶ原には「餓鬼《がき》の田圃《たんぼ》」と呼ばれる池塘《ちとう》が点在している。秋雨のあと、水をたたえた池塘に大日岳、中大日岳、奥大日岳が映る。
10月上旬

ミクリガ池　降雪の多い室堂の春は遅い。ミクリガ池の氷も、下界が初夏となる6月なかばとなって、やっと割れ始める。
6月上旬

立山カルデラ　立山連峰の南西に広がる東西約6.5km、南北約4.5kmの巨大なくぼ地。安政の飛越地震（1858年）で大鳶《おおとんび》山、小鳶山が崩れ、カルデラに大量の土砂が堆積した。
空撮　6月上旬

ザラ峠　かつては有料道路がついていた峠道も1969年の豪雨で荒れ果て、廃道となった。現在は立山から五色ヶ原への縦走路だけが残る。
鷲岳から　7月下旬

薬師岳(左)　北アルプスきっての巨峰（2926m）。東面に、特別天然記念物の三つのカールがある。6月なかばには、薬師如来を山頂の祠に奉納して夏山シーズンの安全を祈願する。
北薬師岳から　7月中旬

称名滝(右頁)　称名川が弥陀ヶ原から、日本最大の落差350m、4段になって落ちる滝である。その右に、落差500mのネハンの滝があるが、これは融雪期と降雨のあとしか流れ落ちない。
ブナ坂上空より　6月上旬

剣岳周辺

剣岳は立山連峰の中心近くに位置する峰。山体は飛騨変成岩類の閃緑岩、斑糲《はんれい》岩で構成され、雪氷の侵食により、鋭角的な岩峰が形成されている。日本海に近いため積雪が非常に多く、平蔵、長次郎、三ノ窓、小窓などの雪渓が発達している。いずれも氷期には谷氷河となっていた。剣岳は穂高と並ぶ岩登りのメッカでもある。

剣岳はその険しい山容により、槍ヶ岳、穂高連峰の登頂成功のあとも登山者を寄せつけなかった。1907（明治40）年、ガイドの宇治長次郎が、陸地測量部の柴崎芳太郎らを山頂に導いた。山頂でさびついた錫杖《しゃくじょう》の頭と槍の穂先が発見され、立山開山と同時期の平安時代にはすでに修験者によって登られていたものと推測される。登山者としては、1909年に吉田孫四郎らが、長次郎のガイドで初登頂した。

剣岳の夕暮れ（右・上）　素通りしてしまいがちな前剣で、夕焼けを待つ。切り立つ山稜が、太陽が傾くに従って鋭さを増していく。
前剣より　10月上旬

八ッ峰（右・下）　剣岳山頂から東に八ッ峰の岩峰群を望む。前穂高岳の北尾根とは反対に、最上部が八ッ峰の頭で、次いで8峰、7峰 …… 1峰、マイナーピークと数える。
山頂から　9月下旬

剣岳（左頁）　室堂より雷鳥沢を登り、剣御前に立つ。正面の剣岳の威容に圧倒される。このやせ尾根に縦走路がついているのが信じられないほどだ。
剣御前より　10月上旬

早月尾根と池ノ谷　西麓の馬場島から山頂へ直接延びる尾根である。2998mの剣岳山頂まで約2350mの高度差がある。冬期のルートとして利用されるが、悪天候と大量の降雪のため、難コースとされる。
空撮　3月下旬

三ノ窓雪渓と八ッ峰　剣沢を下り、仙人新道にさしかかる。八ッ峰の、鋸の歯を思わせる岩峰群と、秋になっても雪が残る三ノ窓雪渓。日本離れした風景である。
仙人新道より　10月上旬

八ッ峰の秋　氷河に削られた八ッ峰の岩峰と磨かれた岩壁、深くえぐられた三ノ窓、小窓雪渓。
池ノ平より　10月上旬

チンネ(上)　喘ぎながら三ノ窓雪渓の長い斜面を登り、三ノ窓にテントを張る。かつて5月の連休にはテントがたくさん張られ、クライマーの声がこだましていたが、最近は静寂そのもの。
三ノ窓雪渓から　5月上旬

平蔵谷(左)　剣岳東面には平蔵谷と長次郎谷があり、別山尾根縦走路が整備される前は、尾根ルートよりも楽なコースとして利用されていた。
平蔵谷出合から　9月下旬

源次郎尾根　剣沢から剣岳へ直接突き上げる尾根で、下から1 峰、2峰と二つの岩峰が並ぶ。初歩の岩登りコースとして人気がある。ガイドの佐伯源次郎が平蔵谷から剣岳山頂へのルートをまちがえてこの尾根を登ったことから名づけられた。
剣岳山頂から　9月下旬

黒部別山(右)　黒部下ノ廊下の西側にある山。標高2353mと高くはないが、大タテガビンの大岩壁、剣大滝や白竜峡などを擁する峻険な山容だ。
棒小屋沢から　12月下旬

日本海の夕日(左)　剣岳山頂からは日本海が見渡せる。夕日が早月尾根、富山湾の向こう、能登半島のかなたの日本海へ沈もうとしている。
剣岳山頂にて　5月上旬

剣大滝(右頁)　黒部峡谷屈指の秘境で、その姿を見た者は少ない。9段の滝が連続し、最下段は48m、合計140mの落差で、剣沢の大量の水を落とす。
滝見尾根　10月下旬

column

立山の自然と曼茶羅

——人々は自然現象に地獄を見た

Mitsuru Fukue 福江 充

立山地獄成立の背景

アジアの仏教経典『倶舎論《くしゃろん》』や『大毘婆沙論《だいびばしゃろん》』などによると、地獄の位置について、それは人間が住む世界の地下に重層的に奥深く続くかたちで存在すると説く。一方、仏教が伝播する以前から、日本人は、人が死ぬとその霊魂は山中に行き、そこで死霊から祖霊に清められ、さらに子孫のまつりを受けると次第に浄化され山の神になると考えていた。すなわち、山地・山岳を死霊・祖霊の漂い鎮まる他界と考えていたようである。

仏教が伝播したあと、日本ではこれらの両方の考え方が交わり、霊魂の集まる山中こそが外来宗教の仏教が示す地獄のある場所だと信じられるようになった。つまり、地獄の内容そのものはしっかりした理論体系を持つ仏教に基づいたが、その場所については、自分たちの伝統的・土着的な考え方に基づいて、山中に見出したのである。その際、越中立山は山中に火山活動の影響で荒れ果てた景観を有し、地獄を設定するには格好の場所であった。立山山中の地獄谷およびミクリガ池・血の池などは火山活動による爆裂火口であり、なかでも地獄谷では、火山ガスを噴出するイオウの塔、熱湯の沸き返る池、いたるところからの噴気が見られ、また特有の臭いもからみ、そこは不気味な谷間となっている。こうした特異で非日常的な景観が地獄の様子に見立てられ、立山地獄の信仰が生まれたのであろう。

立山山中の地獄

平安時代末期には、芸能往来物『新猿楽記《しんさるがくき》』や歌謡集『梁塵秘抄《りょうじんひしょう》』にみられるように、立山は日本各地の霊山・霊場とともに修験の行場、あるいは観音霊場として知られていたが、立山に対する最も強力なイメージといえば、やはり山中に存在する地獄の世界であった。

それを端的に示す史料として仏教説話集『今昔物語集』(平安時代末期成立)所収の立山地獄譚があげられるが、以下、その内容を部分的に抜粋し、立山地獄谷の景観に対する当時の人々の意識をみておきたい。

「修行の僧越中の立山に至りて小き女に会う語第七」(巻第14)の部分

今は昔、越中国□郡に立山というところがある。昔からこの山には地獄があると言い伝えている。そこの様子をいえば、はるかに遠く広々とした高原であって、谷あいには百千もの湧き湯があり、深い穴の中から熱湯が湧き出している。岩石が穴をおおっているが、湯が沸騰して岩石のすきまからほとばしると、その大岩石が動揺する。熱気充満して、そばに近寄ると身の毛がよだつほどである。また、その高原の奥の方に大きな火の柱があり、常に焼けて燃え上がっている。また、ここには高い山があり、帝釈嶽《たいしゃくたけ》と名づけられている。衆生の善悪の行いを協議してきめるところだと言われている。この地獄の高原の谷に大きな滝がある。高さは十余丈、これは勝妙《しょうみょう》の滝と名づけられ、白い布を張ったようである。さて、昔から、「日本国の者で罪をつくったたくさんの人間がこの立山の地獄に堕ちている」という言い伝えがある。

このように『今昔物語集』には越中立山の地獄は死者の霊魂が集まるところとして登場し、山中に地獄のある山として山岳修行者や都の貴族・僧侶の間で認識されていたことがわかる。

立山曼茶羅に描かれた地獄

立山信仰の拠点集落である山麓の芦《あし》峅寺《くらじ》と岩峅寺《いわくらじ》の宿坊衆徒は、加賀藩に対する祈願寺院の役割を果たすとともに、加賀藩領国の内外で立山信仰を布教して回ったが、その際、立山曼荼羅《まんだら》と呼ばれる4幅1対の掛軸式の絵図を使用した。この絵図は4幅を掛け合わせると立山信仰の各種物語を網羅した大画面ができあがる。具体的な図柄としては、いずれの立山曼荼羅にも立山開山伝説、立山地獄、立山浄土、立山禅定登山案内の4つの内容がバランスよく描き込まれている。なお芦峅寺にかかわる立山曼荼羅には、これに加え同地で芦峅寺一山衆徒が執行した布橋大灌頂《ぬのばしだいかんちょう》の祭礼の図柄も描かれていた。

さて、この立山曼荼羅で目を引くのは立山地獄の場面である。立山の山中、特に地獄谷周辺を舞台として等活《とうかつ》、黒縄《こくじょう》、衆合《しゅごう》、叫喚《きょうかん》、大《だい》叫喚《きょうかん》、焦熱《しょうねつ》、大焦熱《だいしょうねつ》、阿鼻《あび》の八大地獄や六道世界の修羅道、畜生道、餓鬼道など地獄の責め苦の様子が所狭しと描き込まれている。

ただし、現在確認されている41点すべての作品を対象として、それに描かれている各種図柄の有無を調べた場合、立山地獄の場面において最も優先的に描かれるのは八大地獄の図柄よりも血の池地獄や賽の河原など、山中にその題材となる景観が実在する事物の図柄である。ここにも、人々が自然の中に、特に日本人の場合は古来他界として認識していた山中に、地獄を見出そうとする傾向がみられる。

立山地獄の図（立山曼荼羅　佐伯家本　部分）
提供　富山県「立山博物館」

第3章

地形からみた
北アルプス

黒部峡谷

上ノ廊下

上《かみ》ノ廊下は、黒部ダムより上流部をいう。北アルプス最奥部の鷲羽岳を源流とし、雲ノ平を巻くように流れて北へと向かう。黒部五郎岳、薬師岳、赤牛岳などに囲まれた深い谷は、上の黒ビンガ、下の黒ビンガなどの大岩壁を形成する。北ノ俣岳から流れ出る赤木沢は、滑滝《なめたき》が連続する明るい沢で、人気コースとなっている。上ノ廊下は、登山道の整備された北アルプスにあって数少ない秘境である。

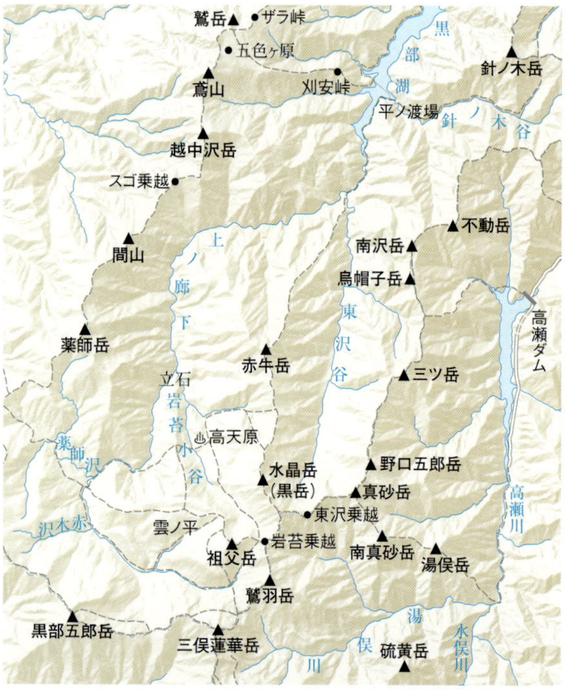

黒部川源流　黒部源流部の大量の降雪は、夏になっても広大な雪田となって残る。「天然のダム」である。その雪解け水を集めて黒部川は激流となる。
鷲羽岳にて　6月上旬

赤木沢源流部　黒部川上流の山々は、大量の降雪と、ゆるやかな山容とが相まって、お花畑が形成されやすい。流れも穏やかで、下流部の荒々しさは想像すらできない。
8月上旬

黒部五郎岳カール　黒部川上流を囲む山の一つ、黒部五郎岳は、美しいカールを持つことで知られる。白く明るい花崗岩の羊背岩、雪渓から流れる水、緑あふれるお花畑が広がる。
7月下旬

薬師沢　薬師沢は黒部川上流の主要な沢の一つで、源は薬師岳である。春の一時期のみ、雪渓伝いに沢を自由に行き来できる。
5月上旬

黒部五郎岳と黒部川源流　鷲羽岳に登ると黒部五郎カールが正面に見える。眼下には午後の光を受けて、黒部川源流が輝いている。
鷲羽岳から　10月上旬

五郎沢源流部　黒部五郎小舎のある黒部乗越《のっこし》は池塘《ちとう》の点在する広々とした草原となっている。五郎沢は黒部五郎カールより流れ出る沢と、ここから流れ出す沢がこの下流で合流し、黒部川に流れ下る。
7月下旬

お花畑と薬師岳　岩苔乗越を源頭とする岩苔《いわごけ》小《こ》谷《たに》は奥ノタル沢とも呼ばれる。その源頭部はお花畑があり、正面に薬師岳の巨大な山容を望める。
岩苔乗越から　8月上旬

東沢谷と黒部湖　裏銀座縦走路の難所、東沢乗越から俯瞰する東沢谷は、北へ一直線に流れ下っている。2978mの水晶岳から黒部湖まで約1500mを下るが、大きな滝がない不思議な急流である。
水晶岳付近から　7月上旬

黒部五郎岳と雲ノ平　北アルプスの中央部を占める黒部川源流部の山々は、穏やかな山容を呈している。鷲羽岳北斜面を下る岩苔小谷と、残雪の黒部五郎岳。
ワリモ岳から　8月上旬

黒部川源流と三俣山荘　どの方向からも、黒部川源流部が北アルプスの最奥部にあたる。三俣山荘は、鷲羽岳と三俣蓮華岳のゆったりした鞍部にあり、ハイマツに覆われている。雲ノ平からは黒部川の源流部と山荘、槍ヶ岳が見える。
雲ノ平から　8月上旬

● **池塘《ちとう》**　大量の降雪がある黒部川源流の山々には数多くの池塘がある。

雲ノ平と水晶岳　雲ノ平にはスイス庭園、ギリシア庭園、アルプス庭園、アラスカ庭園などの湿原が点在する。
8月上旬

太郎兵衛平と薬師岳　薬師岳や雲ノ平の玄関口である太郎兵衛平は、森林限界にある。高原状に広がる尾根には高層湿原があり、イワイチョウの白く小さな花が咲く。
7月下旬

薬師見平と薬師岳　水晶岳西山腹にある高天原《たかまがはら》山荘から夢ノ平の竜晶池までは登山道がついている。その先の薬師見平は、深いクマザサに覆われてしまった。訪れる人の絶えた池塘は静寂そのもの。
薬師見平にて　10月上旬

竜晶池　高天原から温泉沢を渡り、クマザサに覆われた道をたどると、明るい日だまりに出る。竜晶池は針葉樹に囲まれた静かな池塘である。
7月下旬

五色ヶ原　立山の噴火でできた溶岩台地、五色ヶ原は黒部川の西に広がるゆるやかな斜面である。お花畑や池塘群をつくる条件がそろっている。
7月下旬

岩苔大滝　鷲羽岳、ワリモ岳北斜面を北流する岩苔小谷は、立石で黒部川本流と合流する。途中に大きな滝があることは知られているが、その姿を見た者は少ない。
岩苔小谷にて　10月中旬

赤木沢　黒部川上流部の北ノ俣岳から流れ出す赤木沢は、明るく登りやすい沢として人気が高い。ゆるやかな滑滝が続く。
出合近くにて　8月上旬

薬師沢出合　黒部川と薬師沢の合流点に薬師沢小屋がある。この小屋は上ノ廊下を歩くときや、雲ノ平、高天原などに行くときの要所となっている。
7月下旬

薬師沢出合下流部　立石より上流部を最近では奥ノ廊下と呼んでいる。上ノ廊下にくらべると岩壁が低くなり、水量もいくらか減って明るい感じになる。
7月下旬

立石の奇岩　岩苔小谷出合の上流部に、天然のオベリスクが立っている。20mもあろうか、屹立するその姿は際立ち、渓谷を行く者の格好の目印になっている。
8月下旬

立石付近　ここより上流は奥ノ廊下と呼ばれている。岩壁は下流より低くなり、水量は源流より増え、深い森林と相まって最も黒部らしい風景である。
10月上旬

懸谷《けんこく》　黒部源流部の降水量は年間4000～5000mmにも達する。その豊富な水量によって本流の侵食は進み、河床は下がったが、流れ込む小沢は侵食の速さについていけず、懸谷となって残っている。
上の黒ビンガにて　8月下旬

下の黒ビンガ　上ノ廊下には、下の黒ビンガと上の黒ビンガという黒部を代表する大障壁が二つある。峡谷歩きは井戸の底を歩いているようだ。
8月中旬

上の黒ビンガ　北薬師岳の北側、間山の東面にある花崗岩の岩。上ノ廊下の中心部に位置しており、「横に大きく節理が入った花崗岩の大岩壁が鎧戸のようになって両岸から折れ重なっている」と冠松次郎によって書かれている。
8月中旬

黒部湖と北アルプスの山並み（上流方向）　下ノ廊下十字峡の上空より、黒部ダムと黒部川上流部の山々、中央奥に薬師岳を望む。左手に針ノ木岳と針ノ木峠、その奥が槍ヶ岳、穂高連峰。右手は立山連山。
空撮　2月下旬

黒部湖と北アルプスの山並み　黒部湖上流部の上空より、結氷した湖面と黒部川下流方向を撮影。左手に立山、右手に後立山連峰、その先に日本海が遠望できる。
空撮　2月下旬

黒部峡谷

下ノ廊下

下《しも》ノ廊下とは、黒部ダムから欅平《けやきだいら》までの黒部川をいう。黒部の主といわれた冠松次郎の時代には人跡未踏の谷であった。その後、黒部第三発電所などの工事により、道は整備されてきた。黒部第四発電所開発の条件として、登山道の整備が義務づけられたこともあって、水平道の幅も広げられた。水平道は谷底から100mも上にあり、危険なことに変わりない。

ダム放水（上）　黒部峡谷下ノ廊下は黒部ダムから始まる。黒部ダムは高さ186m、総貯水量2億立方m、日本最大のアーチ式ドーム越流型ダム。放水は観光のためで、期間は6月26日から10月15日まで行われる。
7月上旬

黒部別山谷出合付近（下）　この年は雪が多く、水平道がなかなか開通しなかった。10月になって、やっと許可が下りる。黒部ダムから下って別山谷出合にさしかかる。
10月下旬

大タテガビン　黒部別山は標高2353m、3000m級の山々に囲まれ、目立たない山であるが、山腹は荒々しい岩壁で、大タテガビンもその一つである。
10月下旬

黒部別山谷出合　別山谷の本流への落ち口は、のどかな雰囲気だが、谷の奥をのぞくと、大岩壁が険悪な様相を見せている。
10月下旬

V字谷の春(上)　黒部峡谷には、周囲の山に降った大量の雪が雪崩となって落ちてくる。谷を埋めた雪は大きな雪渓となって秋まで残る。
白竜峡付近にて　6月上旬

白竜峡(下)　黒部ダムができてから、かつて流水量の豊富なときに名づけられた白竜峡のイメージは一変した。だが雨が降ると、白竜がのたうちまわるような急流に激変する。
10月下旬

十字峡　黒部川本流に、剣沢と棒小屋沢が直角に合流している。空から見下ろす十字峡は、まさにその名のとおり。黒部ダムの取水によって水量の乏しい十字峡は迫力ないが、雨が降ると一変、短時間に増水して轟音を立てて流れ下る。

6月上旬

剣大滝(左頁)　剣沢は真砂沢出合付近までが氷河跡のU字谷、そこから下流部は深いV字谷となって剣大滝が連続して懸かる。滝は複雑に入り組み、音は聞こえても姿が見えないため、幻の大滝と呼ばれている。

滝見尾根より　6月中旬

S字峡(上)　白竜峡から十字峡にかけての登山道は、流れとほとんど同じ高さで、流れの凄さも実感できる。下流に向かう水平道は次第に流れから離れて高くなる。澄んだ流れを見下ろしていると、距離感がなくなってくる。

10月下旬

飛竜峡　仙人ダムの橋で黒部峡谷を渡る。ダム基底部の飛竜峡を見下ろすと、廊下となった岩肌がぬめぬめと光り輝いている。人見平の宿舎横から川底に下りると、眼前に凄みのある岩壁が迫ってくる。

10月下旬

猿飛峡（上）　下ノ廊下は欅平までだが、猿飛峡はさらに1.5km下流にある。猿が飛び交うほどに両岸が狭まっている。別名景雲峡といわれ、奥鐘山とともに黒部峡谷天然保護区域の飛び地に指定されている。

6月上旬

雲切谷（左）　ガンドウ尾根から流れ出した水は数段の滝となって仙人ダムに落ち込む。下ノ廊下にはこのような谷が多い。

11月上旬

奥鐘山西壁（右頁）　黒部峡谷には巨大な岩壁が数多くある。上ノ廊下の上の黒ビンガ、下の黒ビンガ、下ノ廊下では丸山東壁、大タテガビン、そして奥鐘山など。アプローチの悪さからあまり登られていなかったが、新しい岩壁を求めるクライマーが取りつくようになった。

10月下旬

岩壁

北アルプスには日本を代表する岩壁が数多くある。特に穂高周辺と剣岳に集中しており、近代アルピニズムが発祥してからの初登攀、バリエーションルートの開拓などがこれらを舞台に行われた。

穂高には、前穂高岳の東面、屏風岩、奥穂高岳の南面、ジャンダルム、滝谷があり、剣岳には八ッ峰、チンネ、ジャンダルム、そして池《いけ》ノ谷《たん》の岩壁がある。現在は入山のより困難な黒部峡谷の奥丸山、上の黒ビンガと高瀬渓谷の唐沢岳西面の幕岩なども登られるようになってきた。

畳岩（上）　天狗のコルから奥穂高岳に向かって最初の岩峰、畳岩ノ頭から岳沢に落ちるスラブ状の岩壁。
天狗ノ頭から　8月上旬

前穂高岳東壁（上）　井上靖著『氷壁』の舞台として知られるこの岩壁は、登山史上数々のドラマを生んできた。大学、旧制高校、社会人山岳会の名を取ったルート名が残されている。
蝶ヶ岳から　8月上旬

屏風岩（下）　前穂高岳北尾根末端の岩壁。幅約1.5km、高度差600m。黒部峡谷の奥鐘山西壁、唐沢岳西面の幕岩と並ぶ、北アルプスを代表する大岩壁である。初登攀は1947（昭和22）年7月、岩稜会の創設者、石岡繁雄ほかによる。
横尾谷から　11月初旬

滝谷　日本を代表する岩場。「鳥も通わぬ」と形容される壮絶な岩壁。北穂高岳（3106m）山頂から蒲田川右俣谷まで、高度差は1400mある。滝谷初登攀は、1925（大正14）年8月23日、第一次RCC藤木九三パーティのＡ沢からと、早稲田大学山岳部四谷竜胤パーティのＤ沢からとが同時になされた。
涸沢岳西尾根から　12月下旬

八ッ峰　氷食による八ッ峰の岩峰は、一般登山道がある南側からの眺めよりも、裏剣と呼ばれるこの方向からが美しく鋭い。
池ノ平から　10月上旬

丸山東壁　黒部川下ノ廊下の内蔵助谷出合に近い大岩壁。丸山北峰の東面にあり、高度差は約500m。
内蔵助谷出合から　10月下旬

チンネ　穂高と並ぶ剣の代表的な岩壁。ドイツ語のツィンネ（巨大な岩壁を持つ尖峰）から名づけられた。高度差200m。
小窓の王から　5月上旬

ロッククライミング

岩場ルート開拓期の頃

小森 康行 *Yasuyuki Komori*
（文・写真）

私が社会人山岳会に入って岩登りをはじめた頃は、穂高岳、あるいは剣岳にしても、いわゆるわが国の岩場ルート開拓期の真っただ中であった。もちろんどの岩場も比較的易しいところから登られるが、それらはすでに一段落し、より困難なルート開拓によって頂を目指す、そんな機運が強まっていた時期であった。

関東、関西を主にしたクライマーは未登の岩壁、岩稜にルートを開くべく虎視眈々とその機を狙っていた。こうした当時の山岳会はそれぞれに精通した山域を持っていた会も多く、穂高岳、剣岳、あるいは谷川岳もまた然りであった。伝統があれば、おのずと経験につながり有利であったことは間違いない。だが、その頃の山岳会は上部組織である山岳連盟という名のもとに会合はあっても、いざ登攀となると互いに横のつながりを持とうとしなかった。要するに他会の会員とパーティを組むことを良しとしなかったのである。それはもちろん、万一遭難でもしたらさまざまな問題が生じるからであろう。しかし、そうした壁をあえて越え、同じ目的をもったクライマー同士がパーティを組みルート開拓を行うという兆しが、先鋭クライマーの集まりである第2次RCC（ロッククライミング・クラブ）結成を機に高まったのである。これは時勢の移り変わりに起こるべくして起きた、いわば登山界の変革であり、情報交換という意味でも大変有意義であった。

さて、北アルプスを代表する岩場である前穂高東壁、北穂高滝谷の岩壁群、そして剣岳の池《いけ》ノ谷《たん》やチンネ、八ッ峰《やつみね》といった夏季のルート開拓に一応の終止符が打たれると、当然のことながら積雪期の岩壁登攀に精鋭クライマーの目が向けられた。

穂高では、高度こそ低いが大きな岩壁である屏風《びょうぶ》岩《いわ》が、1947（昭和22）年に登られると、次は滝谷か前穂東壁が標的になることは、まず間違いなかった。

滝谷の積雪期未登の岩場はドーム西壁をはじめとして、グレポン、C沢右俣奥壁、第2尾根側壁など困難度は高いが、クライマーにとっては非常に魅力的な岩壁であった。しかし、冬季の登攀は夏季に比べ想像もつかないほど苛酷な条件を突きつけてくる。酷寒の中で氷がルートを阻み、あるいは天候悪化による風雪など、これらに対する用具は重量を増し、夏の数倍もの時間を費やすこともまれではない。特に厳冬期の滝谷は悪天候で知られ、私の体験では10日間の北穂高の滞在で1日も晴れなかった。

はたして、予想は的中し、1960（昭和35）年の正月を前後して、クライマーは滝谷に集中した。そして先の未登の岩場をすべて完登したのである。

積雪期における滝谷の主だった登攀が終わると、必然的に次は前穂東壁である。一口に前穂東壁といっても、その岩壁はA、B、C、Dフェイスに分けられ、それに右岩稜《うがんりょう》前面フェイスと北壁で構成されている。なかでもDフェイスは、わが国の岩場で技術的に一、二を競う困難度をもっていた。夏に登った私の経験では、冬は無理ではないかという考えが偽らざる心境であった。しかしシーズンに入ると、正月の前後に5パーティが挑んだが、いずれもラッセルや雪崩によって敗退せざるを得なかった。だが2月に入って、さすがに難攻不落の岩壁も、2人のクライマーによってトレースされたのである。さらにその後、唯一未登であった右岩稜前面フェイスも登られ、これで事実上、穂高岳における積雪期バリエーション・ルートの初登攀は終わりを告げたといってよい。

一方、剣岳においてはチンネをはじめ、池ノ谷の岩壁群は冬季未登攀であった。それは岩壁に至るまでのアプローチの長さであったのか、あるいは「池ノ谷」は「行けぬ谷」の訛りであるという逸話があるくらい険悪な谷に、クライマーが躊躇《ちゅうちょ》していたのかも知れない。しかし、先にも述べたように、その山域に精通した山岳会が静観しているはずがなかった。その規模では穂高の滝谷をはるかに凌ぐ池ノ谷の岩場も、次々とクライマーの手に落ちた。ヨーロッパ・アルプスを思わせる岩峰を持つ剣尾根、その中央ルンゼとドーム稜、そして右俣奥壁だ。チンネもまた然りである。こうして剣岳を代表する積雪期の岩壁初登攀が終わると、まもなく遭難続発ということで県条例により、池ノ谷の積雪期登攀はきびしく規制されてしまい、誠に残念であった。

穂高岳、剣岳の岩場の冬季初登攀が終わるころ、先鋭クライマーの間では、すでに継続登攀の兆しがあった。これは文字どおり、いくつかの岩壁を継続して登る、いわばより困難を求める登攀方法である。たとえば穂高屏風岩から北尾根4峰正面壁、さらに前穂東壁といったように三つの岩壁を1回の山行で成し遂げ、自らの体力、精神力、技術の向上にともなう自信を養ったのである。これは取りも直さず近い将来、目指すであろうヒマラヤ、あるいはヨーロッパ・アルプスの登攀に備えてのトレーニングでもあったのである。

果たせるかな、こうしたクライマーは国外でも幾多の記録を残し、そしてそれは現在へと受け継がれているのである。

北穂高岳滝谷第四尾根ツルム　滝谷の数あるルートのなかでも、多くのクライマーをひきつけている。

オーバーハング(上)　垂直をこえる傾斜の岩壁を、あぶみを使って乗越える。　剣岳チンネ

懸垂下降(左)　奥穂高岳東面の岩場にて。

積雪期初登攀(下)　剣岳池ノ谷ドーム稜。　1959年3月

前穂高岳東壁Dフェイス　『氷壁』で知られる東壁でも、最も厳しい岩壁

column

『氷壁』と私

Kunitoshi Ishihara 石原 國利

井上靖先生と初めてお会いしたのは、1956(昭和31)年9月の終わりのことであった。私が所属していた岩稜会の会長、石岡繁雄さんが上京し、日本山嶺倶楽部の長越(安川)茂雄さんと会うことになり、私も銀座に呼び出された。お二人は初対面であったが、石岡さんは初登攀の記録である『屛風岩登攀記』、長越さんは安川茂雄の名著『谷川岳研究』で知られ、かねてより文通があった。会うなり長越さんは「作家の井上靖さんが『ナイロンザイル事件』を読んで、あなたたちに会って話を聞きたいと言われている」と言われた。3人はその足で大井滝王子町の井上先生宅を訪ねた。

ナイロンザイル事件の概略は、前年の1955(昭和30)年1月2日、私たち岩稜会の3人パーティが、積雪期未登の前穂高岳東壁の頂上直下で、わずか50センチメートルの滑落でナイロンザイルが切断、石岡さんの実弟若山五朗君(19歳)が墜死し、私ともう1人の友人が生き残った。この冬、私たちと前後して2件、いずれもナイロンザイル切断による遭難が発生していた。これまで使われてきた麻ザイルに対し、新しい素材のナイロンを使ったザイルは、すべての点で優れているとされていただけに、大きな問題となった。3件の事故は、いずれもザイルが岩角に接したところで切断していた。この点に注目した私たちは石岡さんを中心に、名古屋大学工学部と石岡さん宅に作った実験台を使って調べた結果、ナイロンザイルが鋭い岩角に弱いことを確信するに至り、詳細を新聞、雑誌に発表した。

新技術による製品、ナイロンザイル切断事故ということで話題にもなり、専門家も解明に乗り出し、公開実験が行われた。その結果は私たちの発表と違って、ナイロンザイルは岩角にも強い、というものだった。しかし後日、その実験で使われた岩角に細工がされていたことが判明した。私たちは登山者の安全のためにも、公開実験の結果の訂正を求めた。このとき行われた公開実験と、これに関連した一連の出来事をナイロンザイル事件と呼んでいる。

岩稜会は1956年7月これまでの経緯をまとめた『ナイロンザイル事件』を印刷し、登山関係者、報道関係者に送付した。出版社に勤務していた長越さんに送った1冊が井上先生の目にとまったのであった。

井上先生は、石岡さんと私の話を聞いてから「近く新聞に連載小説を書くことになっている。あなたたちの出来事を、小説の材料として使わせて下さい」と言われ、石岡さんと私は協力を約束した。

『氷壁』は朝日新聞紙上に、1956年11月24日から翌年の8月22日まで270回連載された。前穂高岳でナイロンザイルが切断して遭難、ザイルの公開実験で主人公の魚津恭太が不利な立場に立たされる、という全体の筋書きは私たちの経験に即して書かれた。主人公については、長越さんと親しかった登山家松濤《まつなみ》明氏の遭難のエピソードをヒントにまとめられた。この遭難は、遺書をもとに発行された『風雪のビバーク』で知られている。

連載に先立って井上先生の取材が始まった。長越さん、石岡さんそして私は連れ立って、あるいはそれぞれ、大井町駅、さらに大井滝王子町まで、省線とバスを乗り継いでうかがいはじめた。「登山のことはわかりませんから、何でも教えて下さい」とおっしゃって、大学ノートに万年筆でメモしてゆかれた。「私は新聞記者をしていましたので、調べるということには苦痛を感じません」とおっしゃる。ものを訊くときの先生は、若輩の私どもに対しても実に丁重で、先生の識《し》ることに対する謙虚なお姿に、私は深い尊敬の念をおぼえた。ときには私の下宿に電話がかかり「今書いたことを読みますから」とおっしゃり、「間違いありませんか」と念をおされた。

お誘いを受けて、ご家族との夕食の卓を囲んだことも、夜晩くなって、車で下宿まで送っていただいたこともあった。その下宿の母屋が数年後、先生の『あすなろ物語』の映画で主人公鮎太の住まいとして映し出され、人生における奇しき縁を改めて感じた。

『氷壁』の連載中、私は先生に、公開実験が細工されていたことを書いて欲しいと、訴えたこともあった。先生は「私が書いているのは小説で、ドキュメンタリーとか勧善懲悪ではないのだから」と、困ったような顔をされた。しかし、『氷壁』連載のおかげで、ナイロンザイル事件の存在が広く世に知られることになった。事件として訴えるよりも、作品に取り上げられ、その作品の魅力によって思いもよらない反響を呼ぶ、という貴重な体験を得た。『氷壁』の背後に、井上先生の温かい眼差しが感じられた。

1975(昭和50)年4月、通産省は登山用ザイルに安全基準をつくり、パスしたS(安全)マーク付き製品以外はザイルとして売ってはならないことを義務づけた。私たちが前穂高岳で使ったロープはザイルではないとされた。事件発生以来、実に20年が経過していた。この事件の背景に、日本の主力産業の経済優先主義という不幸な時代があった。

『氷壁』を縁として、私たちは井上先生との親交を得ることになり、カエル会の穂高山行にも参加するようになった。カエル会とは、『氷壁』に出てくる上高地明神の小池に群がるカエルから命名された、井上先生を中心とする山登りの会であった。

1971(昭和46)年には海外旅行のお供もした。9月から10月にかけてのアフガニスタン、ネパールへの取材旅行であった。ネパールでは、私たちがエベレスト街道を、ナムチェバザールを経て3867メートルの高地、タンボチェの僧院まで案内した。この旅行は『星と祭り』のなかに記述されている。

井上先生との親交は年々深まり、カエル会の忘年会では生沢朗、山本健吉、東山魁夷はじめ名だたる作家、芸術家、編集者の方々と寛ぎの刻《とき》を過ごした。多くの傑《すぐ》れた知性、教養の士の謦咳《けいがい》に接することができたのは、私の生涯において望外のよろこびであった。

氷壁で知名度を上げた前穂高岳東壁

地形からみた北アルプス

氷河地形

北アルプスには、氷河の働きによって形成された地形が多く、かつて氷河が発達していたことを示している。ことに稜線付近にはカール(圏谷《けんこく》)が数多く見られる。ほかに、氷河が刻んだ谷、氷河が削った岩(羊背岩《ようはいがん》)やくぼ地(氷河湖)、鞍部(キレットなど)、氷河が運んだモレーン(氷堆石《ひょうたいせき》)など、各地に見られる。

天狗池　氷河公園とも呼ばれる天狗原のモレーンにできた池。中岳から横尾尾根にかけての稜線にできたカールの底にあり、モレーン丘、羊背岩、氷河擦痕《さっこん》などが見られる。
氷河公園にて　8月上旬

天狗原の羊背岩　槍沢グリーンバンドの手前から道を分けて、左手の氷河公園に向かう。天狗池よりさらに岩の斜面を登ると、氷河に磨かれたばかりに見える岩塊が横たわっていた。
氷河公園にて　8月上旬

黒部五郎岳の羊背岩　黒部五郎岳東面は、みごとなカールで知られている。典型的な羊背岩のほか、ラテラル・モレーン(側堆石《そくたいせき》)も有名。
黒部五郎岳　7月下旬

白馬岳の羊背岩　地理学者の山崎直方が、1902(明治35)年、小蓮華山から白馬岳に登り、大雪渓を下った際、いくつものカールやモレーンを発見した。山崎の報告をきっかけに、氷河地形論争が起こった。この岩は赤岩と呼ばれる。
葱平にて　7月下旬

山崎カール　日本の氷河について、最初に報告した山崎直方を記念して名づけられた。「立山の山崎圏谷」として天然記念物に指定されている。日本では、このように西斜面にあるカールは珍しい。
血の池から　10月上旬

内蔵助カール　1998年10月、立山に登るたびに見下ろしていた内蔵助カールに、古い氷があることを知った。カール底に近い雪渓の約20mの底に降りたとき、目の前に1700年前の氷があった。
富士ノ折立にて　8月上旬

涸沢カール（左）　穂高連峰の北東側にある日本最大のカール。前穂高岳北面のカールと涸沢岳東面のカールが複合してお椀状となったもの。屛風ノ頭からほぼ全体が見渡せる。
屛風ノ頭から　8月上旬

槍・穂高連峰の氷河地形（下）　左から涸沢カール、本谷カールと右俣カール、二つのカールの下流に本谷U字谷、稜線には中岳カール、大喰カール、下流に槍沢U字谷と並ぶ。
蝶ヶ岳から　7月下旬

薬師岳のカール群　薬師岳東面には三つのカールがある。北（右）から金作谷カール、中央カール、南稜カールと呼ばれ、形も整っていてモレーン丘も明瞭である。「薬師岳の圏谷群」として特別天然記念物に指定されている。
雲ノ平から　7月下旬

薬師岳金作谷カール　薬師岳東面にある三つのカールの北端にあり、カール底の標高は2650m。モレーンがM字状であることで知られている。
薬師岳山頂から　8月上旬

黒部五郎岳カール　縦走路は頂の少し西の肩からお花畑を通って、カール底へ向かう。黒部五郎小舎までトラバースして、稜線に戻る。このカールは氷河の通った両側に残された岩屑、ラテラル・モレーン（側堆石）で知られる。
黒部五郎岳肩から　7月下旬

円空池　笠ヶ岳東面にカールの播隆平がある。そこには氷河湖の円空池があるが、訪れる者は少ない。
7月下旬

槍沢のU字谷　カールが形成された氷期以前、何度も氷河が槍沢を埋めた。このことは、槍沢のU字谷となったこと、大槍モレーン、ババ平モレーン(写真中央)、二ノ俣モレーン、一ノ俣モレーンなどの存在から推測される。

東鎌尾根から　5月下旬

剣沢　剣沢は谷氷河の跡とカール地形を併せ持っている。スケールが大きいため、気をつけて見ないとわからない。

剣沢にて　10月上旬

三ノ窓雪渓　剣沢を下って、二股から仙人新道を登り始める。氷河が削りとった鋭い八ッ峰と、氷河が磨いた三ノ窓雪渓のコントラストが美しい。

仙人新道から　10月上旬

剣・立山連峰　連峰東面は氷河地形が多い。左から、立山カール、内蔵助カール、別山カール、剣沢カール、三ノ窓、小窓、大窓など。
冷池から　8月上旬

槍ヶ岳　このピークは氷雪によって四方を削り取られ、尖峰となった。氷河が削った跡は槍沢、飛騨沢、天上沢、千丈沢のU字谷となり、残った稜線はやせた鎌尾根が三方へ、一稜は主稜線として穂高連峰へ連なっている。
大槍ヒュッテから　8月上旬

八峰《はちみね》キレットと鹿島槍ヶ岳　八峰キレットは大キレット同様、氷食で両側が削り取られた。大量の降雪や風化でさらに険しくなった。難所中の難所だが、展望はよい。
キレットにて　8月上旬

北鎌尾根　槍ヶ岳に突き上げる鎌尾根の一つで、高瀬川源流千丈沢と天上沢を分けている。1922（大正11）年の早稲田と学習院による初登攀争いで知られる。
槍ヶ岳から　11月上旬

不帰《かえらずの》嶮《けん》　八峰キレットと並ぶ後立山連峰の難所である。天狗の頭から、天狗と不帰の鞍部までの天狗の大下りは、標高差約300m。不帰嶮は1峰、2峰間を呼ぶ。
唐松岳から　8月上旬

大キレット　稜線の両側から氷食を受け、ナイフの刃のようにやせた尾根が深くくびれて続く大キレット。槍・穂高連峰縦走の難所とされている。
北穂高岳から　10月上旬

column

内蔵助雪渓

Hajime Iida 飯田 肇

山の秋が深まった10月、北アルプス立山連峰を縦走してみよう。室堂平《むろどうだいら》から雷鳥沢の苦しい登りを終えてホッと別山乗越《べっさんのっこし》に立ったとき、眼前にそびえる剣岳の威容に感動した人は多いことだろう。しかし、眼下に落ち込む剣沢の大きな谷がきれいなお椀状をしているのに気づく人は少ない。これは、日本にもかつて氷河が存在していたことを示すカール（圏谷《けんこく》）と呼ばれる地形だ。北アルプスには、カールやモレーン（堆石《たいせき》）などの氷河地形が多く存在し、氷期の様子を物語ってくれる。

このカール内には、驚いたことにまだ解け残った雪が残っている。まもなく新雪が降り積もり、この雪は年を越して残り続ける。このような雪渓のことを越年性雪渓と呼ぶ。北海道の大雪山、東北の鳥海山、越後駒ヶ岳、北アルプスなどに見られるが、そのなかでも特に規模の大きなものは立山連峰周辺に集中している。

雄山に向かって縦走を続け真砂岳を過ぎると、特に規模の大きい雪渓が現れる。内蔵助《くらのすけ》雪渓だ。越年性雪渓の横綱格であるこの雪渓について詳しく紹介しよう。

内蔵助雪渓は、立山連峰の富士ノ折立《おりたて》（2980メートル）と真砂岳（2860メートル）を結ぶ稜線の東側、内蔵助カール内に存在する。秋の終わりの雪渓は、標高2850～2700メートル付近に位置し、末端には昔氷河があった証拠となるエンドモレーン（終堆石堤《しゅうたいせきてい》）が存在している。雪渓の下部では傾斜がゆるくなり、ここに厚い氷体が存在する。

雪が年を越して残るためには、冬に、夏に解けるよりも多い量の雪がたまらなければならない。では、この場所に一冬でどのくらいの雪がたまるのだろう。4月の調査では、稜線西側の室堂の積雪深は7メートル程度だが、東側の内蔵助雪渓の積雪深は20～30メートルにも達した。稜線が南北に延びているため、冬の季節風の風下側となる東側で吹きだまりの効果が大きいためだ。さらに、急斜面では雪崩も発生し、これらの二次的な堆積が越年性雪渓形成の要因となっている。

残雪の少ない年の9～10月、雪渓の大きさが最も小さくなった頃に内蔵助雪渓を訪ねると、眼前には異様な光景が広がる。雪渓表面が、アイゼンがなければまともに歩けないほどつるつるの氷となり、そこに幾筋もの水流が見られるのだ。まるでヒマラヤの氷河に降り立った気分だ。水流の集まるところには、氷の縦穴がマンホールのように口を開けている。石を落とすとしばしの静寂の後ドスーンというこもった音。メジャーで測定すると何と 20メートルもの深さだ。こんな縦穴が雪渓の表面に数十個も開いているのだから恐ろしい。新雪が積もったらまさにヒドンクレバス（隠れクレバス）となり、落ち込んだらはい上がってはこれまい。

しかし、雪氷研究者にとってこの縦穴は格好の調査対象である。本来ならボーリングをして氷を採取するところだが、最初から穴が開いていれば都合がよい。さっそく名古屋大学や富山大学などのメンバーで、縦穴に潜っての調査が開始された。

ロープを頼りにゆっくりと降りる。深淵に吸い込まれそうで不気味だ。「これは氷河の氷そのものだ！」最初に穴に潜った吉田稔さん（当時名古屋大学水圏科学研究所）は、興奮して叫んだ。ヘッドランプが照らし出す青白い氷壁に、何層もの層構造がはっきりと浮かび出したのだ。まるでヒマラヤの氷河の中にいるような錯覚を覚えた。

穴の内壁からは、何層もの透明な氷の層や汚れた層が見つかった。また、5メートルの深さを境界として氷中に不整合面が存在し、その上部と下部では氷体の構造が急激に変化していた。上部では氷の結晶粒径が小さく雪渓表面に近い水平な層構造をしているが、下部では 40度以上の急傾斜で下流方向にせり上がり、氷の結晶粒径も飛躍的に大きくなっている。さらに底部では、底の岩石が氷の層にそって持ち上げられた、氷河の流動の痕跡を示す構造も見られた。下部の氷は、まさに、氷河氷そのものだ。

雪渓底で調査する研究員

この不整合面から上の氷は最近できた氷であり、下の氷はかなり古い氷であると考えられる。そこで、縦穴の底近くの氷の中から木片および葉片を採取し年代測定を行ったところ、約1500～1700年前という結果が得られた。さらに、不整合面の少し下の層より採取された木片は、約900年前という結果を示した。これらの結果から、下部の氷体は約900～1700年前に形成されたものであると推定される。1500～1700年前といえば邪馬台国の女王・卑弥呼が国を治めた弥生時代から農耕が発達する古墳時代の中頃までにあたる。まさに日本最古の氷ということができる。

この日本一長寿の氷からは、今まで古文書などからしかわからなかった過去の気温や降水量などの気候条件、植生などの古環境が推定できる可能性が出てきた。内蔵助雪渓は、いわば大自然が残してくれた記憶装置である。

さらに、レーダーにより、雪渓の内部構造や地形が調べられた。氷体の厚さは最大で30メートルにも達した。これは10階建てのビルの高さに相当する。また、氷体の中には下流に向かってせり上がる何層もの層構造が見られ、縦穴での観測結果とよく一致していた。

これらにより、内蔵助雪渓は、かつて存在した氷河の氷そのものが解けきらずに残存している、いわば「氷河の化石」とでも呼べる存在であることがわかってきた。この雪渓が現在も氷河として活動しているかどうかは、氷河としての流動が確かめられていないので判定できない。しかし、内蔵助雪渓の氷体の規模や構造自体は非常に氷河に近いもので、まさに国内における雪氷の貴重な宝庫ということができる。

ところでこの縦穴は、残雪が多い年には出現しない「幻の縦穴」である。今度はいつ顔を見せてくれるのだろうか。

地形からみた北アルプス

池塘

池塘《ちとう》は、高層湿原にできる特殊な地形。北アルプスには、尾瀬のような大規模な湿原はないが、小さいものは数多い。弥陀ヶ原の餓鬼の田圃、栂池《つがいけ》高原、五色ヶ原、雲ノ平、立山カルデラなど、降雪量の多い、溶岩台地などや広くゆるやかな尾根にできやすい。土壌は酸性でやせているため、生育する植物は限られる。ミズバショウ、ヒオウギアヤメ、リュウキンカ、ワタスゲなどが咲く。

太郎兵衛平の池塘　太郎平小屋より南のゆるやかな斜面を登る。この付近は北アルプスの主稜線で最も広々としており、高原状台地といえるほど。この森林限界の斜面に、イワイチョウの育つ池塘がある。
8月上旬

池ノ平　池塘が点在するカール底のような小盆地の高層湿原。池ノ平山の中腹にあり、裏剣と後立山連峰の眺めがよい。
10月上旬

五色ヶ原　鷲岳と鳶山の東面に広がる溶岩台地。西側は立山カルデラの火口壁となっていて急傾斜だが、東へは非常にゆるく傾斜している。ほぼ正方形の高層湿原で、大小の池塘が点在し、高山植物が豊富である。背景は立山。
8月上旬

弥陀ヶ原　立山の西麓に広がる火砕流台地。およそ東西6km、南北2kmで、西へ向かって高度を下げる。高層湿原の弥陀ヶ原には、餓鬼の田圃と呼ばれる、大小合わせて3000以上の池塘が分布する。
10月上旬

松尾平のミズバショウ　豪雪地帯にある立山カルデラの春は遅い。松尾平は高層湿原で、立山カルデラの中ほど、弥陀ヶ原寄りにある。雪解け水で潤う水辺にミズバショウが咲き始める。
6月上旬

白高《しらこう》地《ち》の池塘　朝日岳周辺はなだらかで、降雪が多い。登山者が少ないため、高層湿原やお花畑は痛めつけられていない。
8月上旬

栂池　標高1850mにある高層湿原。ミズバショウ、ヒオウギアヤメ、ワタスゲなどが咲く。
8月上旬

高天原　針葉樹林に囲まれた小さな湿原がある。ワタスゲやニッコウキスゲの咲く明るい湿原だが、乾燥化が進み、ササが侵入し始めた。
8月上旬

薬師見平　黒部の最奥部、赤牛岳の中腹にある湿原。道がはっきりしていないため、湿原にたどり着くのに苦労を強いられる。針葉樹に囲まれた湿原から、薬師岳のカールを見ることができる。
8月上旬

雲ノ平　黒部川源流と岩苔小谷に囲まれた、日本で最も高い溶岩台地。ゆるやかな起伏の広大な高原は、北アルプスきっての豪雪地帯にあり、池塘が点在する。
8月上旬

火山

北アルプスは東西方向のプレートの押し合いで隆起した。隆起に際して破断が生じ、そこにマグマが上昇して火山活動が起こったと考えられる。乗鞍火山帯は、ほぼ南北方向に並んでおり、複雑な地形となっている。乗鞍岳、焼岳、鷲羽岳、雲ノ平、五色ヶ原、立山、白馬大池と火山地形が多く、今なお活動中のものも少なくない。

権現池（上）　乗鞍岳の最高峰、剣ヶ峰の西にある火口湖。標高2700mの畳平までバスが入るため、訪れる者が多い。
内田良平撮影

鷲羽の池（上）　池は火口湖。槍ヶ岳との間にある硫黄尾根では、今も噴煙を上げている場所がある。
鷲羽岳から　8月上旬

焼岳の水蒸気爆発（下）　焼岳は噴火活動も収まり、山頂へ登ることができるようになった。しかし、ときには写真のような水蒸気爆発も起こす。寒い日には噴気が見られる。
西穂高岳独標から　2月上旬

室堂平とミクリガ池(左)　信仰の山である立山に登拝するには、地獄を思わせる室堂周辺を通らなければならない。地獄谷や血の池などがあり、その中心にあるのが火口湖のミクリガ池である。
大汝山から　9月下旬

弥陀ヶ原と立山カルデラ(下)　空から俯瞰すると、火砕流台地である弥陀ヶ原と、常願寺川上流湯川の侵食がつくった立山カルデラとの地形が好対照をなしている。
空撮　10月下旬

● 立山カルデラ

刈込池と新湯　湯川に沿って信州との往来があったザラ峠への道は、今は使われていない。澄んだ刈込池と熱湯の新湯では色が異なる。
空撮　10月中旬

噴泉　地質調査用に掘られた穴から激しく湯を吹き出す。北アルプスが生きている証拠の一つである。
立山カルデラ旧立山温泉付近　8月中旬

大鳶崩れ　安政5(1858)年の飛越地震で立山カルデラ南稜線の大鳶山、小鳶山が崩れ落ち、立山温泉と湯川の谷を埋めた。地震直後の洪水で一部の土砂は下流に流され、今日なお大量の土砂がこの谷に残っている。
空撮　10月中旬

column

立山カルデラと鳶崩れ

Hajime Iida **飯田 肇**

立山の弥陀ヶ原《みだがはら》台地のすぐ南隣に、立山カルデラと呼ばれる巨大な凹地があることを知る人は少ない。周囲を標高2000〜3000メートル級の弥陀ヶ原台地、浄土山、竜王岳、獅子岳、五色ヶ原台地などに囲まれた、東西6.5キロ、南北4.5キロ、面積約23平方キロの楕円形の大きな凹地である。中央部を常願寺川の上流にあたる湯川が流れ、三方は急なカルデラ壁に囲まれている。弥陀ヶ原展望台に立つと、台地から一気に落ち込んだ巨大な崩壊地を見ることができ、のびやかに広がる高原と荒々しい絶壁とのコントラストに驚かされる。

カルデラとは、ポルトガル語で大鍋の意味で、巨大な鍋底状の地形をさす。一般にカルデラというと、阿蘇や摩周、屈斜路カルデラなどが有名だ。これらは、火山が多量の火山灰や溶岩を噴出した後に陥没してできたもので、陥没カルデラといわれる。しかし、立山カルデラは成因が異なり、立山の火山活動により形成された脆い火山岩、常願寺川流域の多量の降雨降雪、そして跡津川《あとつがわ》断層の活動で発生した大地震などが関与した大規模な侵食によって拡大したもので、侵食カルデラとされている。

この巨大な凹地は「大地ののぞき窓」である。立山の生い立ちや、今も動く生きている立山を見るのに絶好な場所なのだ。そこでは今でも、土砂が崩れ、流れ、堆積する大地形成のドラマが営々と続けられている。

例えば、立山カルデラ内を流れる湯川沿いには、その名のとおりいくつもの温泉がわき出しているのが見られ、立山が生きている山であることを実感させられる。そのなかでも特異な存在が新湯だ。直径約30メートルの爆裂火口湖で、70度の湯を絶え間なく噴出している。弥陀ヶ原展望台から眼下の立山カルデラを望むと、さかんに湯気をたてているその姿を見ることができる。この池からは、「玉滴石《ぎょくてきせき》」と呼ばれる学術的にも貴重な球状で透明なオパールが産出していたが、明治時代に採取し尽くされ、今ではほとんど見られなくなってしまった。

また、立山カルデラの中央部には、かつて登山者や湯治客、工事関係者でたいへんなにぎわいをみせた立山温泉があった。立山黒部アルペンルートの開通による利用客の減少や、1969(昭和44)年の水害で登山道が不通となったため、現在では閉鎖されているが、跡地付近の河原では今でも60度以上の温泉がさかんにわき出している。これらの温泉や立山地獄谷の活動から、気象庁では立山(弥陀ヶ原)火山を活火山に指定している。

さらに、立山カルデラ内で大地の動きを最も実感できるのが、「鳶崩れ《とんびくず》」の大崩壊地だ。今から約140年前にここで起きた崩壊は、まさに山の姿を一気に変えてしまうような大規模なものだった。

安政5(1858)年2月26日(新暦4月9日)、マグニチュード7.1の大地震が北陸飛騨一帯を襲った。安政の飛越地震である。震源は、富山・岐阜県境をほぼ東西に走る跡津川断層と考えられ、震度5以上の激しい揺れが富山県全域を襲った。越中では、富山城下などで、地割れや液状化現象による水の噴き出し、陥没などが広い範囲で起き、富山城の石垣は崩れ多くの家屋が倒壊したといわれる。しかし、最大の災害は、常願寺川の奥山で起きていた。地震により、立山カルデラの南縁にそびえていた大鳶山《おおとんびやま》、小鳶山が大崩壊したのだ。崩壊土砂は、立山カルデラに流れ下り、周辺の湯川や真川《まがわ》を埋め尽くした。

加賀藩は、常願寺川の水が急激に減ったことに気づき、すぐに偵察隊を出した。偵察隊が鍬崎山や弥陀ヶ原から見たものは、鳶崩れの崩壊土砂によって湯川や真川がせき止められてできた数個の大きな湖だった。堆積土砂によるダムは不安定で崩れやすいため大洪水が警戒され、不安におののく日々が続いた。

果たして3月10日(新暦4月23日)、真川にできていたせき止め湖が決壊し、大土石流となり一挙に常願寺川を流れ下った。濁流は、下流の富山平野で堤防を越え、また、用水の取水口から流れ出して右岸の立山町、舟橋村周辺から富山市水橋周辺の水田を泥や岩で埋め尽くした。轟音を伴いながら、泥粥状の土石流が、巨石や大木、雪を運んで流下し、その被害は惨状を極めたという。

しかし、災害はこれだけでは終わらなかった。2ヵ月後の4月26日(新暦6月7日)、今度は雪解け水がたまった湯川のせき止め湖が決壊して、またしても富山平野を大洪水が襲い、広範囲で大被害をもたらしたのだ。洪水の水量は、前回の倍に達したという。左岸の平野に流れ出した濁流は、田畑をのみこみながら一気に富山城下まで達し、死者百数十人、被災者7千人以上、不毛となった石高2万石以上の大被害となった。

鳶崩れは、大地震と2度の大洪水が時期を同じくして起こった、富山県史上最大の災害であった。これ以降常願寺川は、堆積した不安定な土砂により前にも増して暴れ川となったという。そこで、立山カルデラ内では、不安定な崩壊土砂の流出を抑えるため、日本でも有数の規模の砂防事業が90年以上続けられている。

鳶崩れの際、立山カルデラから流れ下ったといわれる巨石が、今でも富山平野の水田の中に点在している。なかには、十万貫石と呼ばれている、直径6.5m、推定重量400トンに及ぶ巨大な転石もあり、当時の洪水のすさまじさがうかがえる。これらの一連の災害を当時の人々は「立山大鳶崩れ」と名づけて、恐怖の体験を今に語り継いでいる。

立山カルデラ全景

第4章

自然現象

自然現象

雪と氷

北アルプスを特徴づけている大きな要素は、雪である。冬季、季節風による大量の積雪は巨大な雪渓となり、夏遅くまで残る。豊富な雪渓や雪田《せつでん》は多様な植物を育て、流れ下る急流はみごとな渓谷美をつくる。雪にならない、過冷却された水分は霧氷、樹氷、岩氷などになり、ダイヤモンドダストなどの現象を見せる。

ブリザード　地吹雪のことで、吹雪を伴った冷たい強風。アメリカでは毎秒14m以上、視界150m以下の暴風雪をいう。強いブリザードの中を歩いていると、空は真っ青に晴れ上がっているのに、正面の視界は利かないことがある。
大喰岳にて　1月上旬

シュカブラ　低温の雪面に強風が刻みつける風紋。地形、温度、風向、風力と要因が多いため、多様な模様となる。ノルウェー語からの用語。後景は常念岳。
大喰岳にて　1月上旬

クレバス　フランス語で、本来「氷河にできる割れ目」をいう。日本では雪の割れ目をいい、転落事故や雪崩の原因になることがある。
唐松岳にて 5月上旬

デブリ　英語で、本来土砂などの堆積物をいうが、雪崩の多い日本では、雪崩の堆積物をいう。
横尾本谷 5月上旬

雪庇　稜線の積雪が、季節風などによって風下側にひさし状に張り出したもの。積雪量、降雪日数、風速などによって大きく成長する。踏み抜き事故や雪崩の原因になることもある。
奥穂高岳にて 4月下旬

ホウ雪崩

Hajime Iida 飯田 肇

北アルプス立山山麓の称名《しょうみょう》平休憩所は、1982（昭和57）年に建てられて以来、1995（平成7）年まで雪崩の被害はなかったという。ところが、1996年冬、100年に一度という雪崩に襲われた。それは2階の窓の雪囲いを突き破って侵入し、展示物、机、椅子、ロッカーなどを吹っ飛ばし、壁に叩きつけ、ねじ曲げ、へし折るほどの、すさまじい破壊力だった。室内には直径20センチ以上の木の幹や枝が何本も散乱していた。また、称名滝滝見台周辺でも巨大な雪崩が数カ所で発生し、樹齢100年以上に達する、直径30～40センチものブナの大木が所狭しと川底を埋めた。

このような、すさまじい破壊力をもつ雪崩の正体は、大規模な乾雪表層《かんせつひょうそう》雪崩だ。大きな雪煙をともなって高速度で流れ下り、ときには対岸斜面をはい上がり、尾根を飛び越えていく。写真は、剣岳池《いけ》ノ谷《たん》右俣で発生した乾雪表層雪崩だが、雪煙は早月尾根、剣尾根間の深さ数百メートルの谷を埋め、さらに尾根上に大きく舞い上がっている。おそらく日本最大級の雪崩であろう。

この種の大雪崩は、越後塩沢の鈴木牧之によって書かれた『北越雪譜《ほくえつせっぷ》』（天保7〔1836〕～13年刊）の中には「ほふら」として登場している。「わが塩沢の方言にほふらというは雪頽《せったい》（なだれ）に似て非なるものなり」とあり、全層雪崩（雪頽）に比べて表層雪崩（ほふら）は雪の洪波《こうは》（津波）だとしてその恐ろしさが述べられている。雪崩というよりむしろ風という印象をもったようだ。黒部峡谷の雪崩事故を伝える新聞にも「雪崩ではなく旋風である」という記載がみられる。黒部周辺の地方では、この種の雪崩を「ホウ」と呼んでいるが、万物を流し去る白い悪魔という印象が如実に伝わってくる。

それでは、ホウ雪崩とはどんな雪崩なのだろうか。急峻な谷が数多くある黒部峡谷は、日本有数の豪雪地帯でもあり、大規模雪崩が発生しやすいところとして有名だ。電源開発のため冬期に奥山に入り込む機会も増え、幾度となくホウ雪崩に見舞われている。なかでもよく知られているのが、志合谷《しあいだに》における雪崩災害だ。1938（昭和13）年12月27日午前3時30分頃、志合谷のズリ出し横坑出口に造られた日本電力の木造4階建宿舎をホウ雪崩が襲い、死者・行方不明者84名を出す大惨事となった。この建物は、雪崩を想定して1、2階を厚いコンクリートで埋め、合掌造りの屋根内に3、4階が造られ、たいへん丈夫だと思われていた。だが、12月24日からの雪はしんしんと降り積もり、ホウ雪崩となって宿舎を襲った。宿舎には、夜勤の37名を除く102名が滞在、うち37名は建物の下敷きになって死亡し、比較的早く発見された。

しかし、雪崩の本当の恐ろしさがわかったのはその後である。誰もが行方不明者47名はすぐ下の沢のデブリに埋まってしまったものと信じて必死の発掘を行ったが発見できず、捜索は難航を極めた。何と、47名の遺体は宿舎の破片とともに志合谷の対岸尾根を飛び越し、黒部川本流までの水平距離600メートルにわたって散乱していたのである。遺体のあるものは、翌年3月以降、さらに下流の小屋平ダムで発見されたが、なお行方不明の者も少なくなかった。

黒部では、2年後の1940年にも阿曽原《あそはら》谷でホウ雪崩の被害を受けている。ブナ林に立つ宿舎をホウ雪崩が襲い、ブナの大木が幅20メートル、長さ数百メートルにわたってなぎ倒され、その一部は根を上にして宿舎に突き刺さった。宿舎は叩き潰され、発生した火災のため26名が焼死した。吉村昭著『高熱隧道』には、これらの大惨事の生々しい描写がある。これらの記録により、ホウ雪崩がすさまじい破壊力であることがわかるが、富山大学、北海道大学等の志合谷調査によってその謎に包まれた実態がさらに解明されつつある。

まず速度だが、音速を超える爆風が起こるとされていたが、志合谷ではそれほどの速度は観測されていない。ホウ雪崩の先端部の速度は秒速20～70メートル程度だが、それでも時速250キロに達し、新幹線並みのスピードということになる。

また、ホウ雪崩では雪崩前面に爆風をともなうといわれている。実際の観測でも、雪崩前面から数十メートル先行して雪崩風がみられたが、その速度も音速を超えるものではなく、雪崩先端部の速度とほぼ一致していた。

さらに衝撃力についてみると、1平方メートル当たり40トンが記録されている。なかには1平方メートル当たり100トンを超える記録もあるが、これは雪崩中に含まれる氷、樹木、岩石などの硬い物質の衝突によるものと考えられる。

ホウ雪崩の発生条件については、（1）多量の降雪や雪崩によって谷筋が埋められスムーズな滑り面が形成されていること、（2）一日で50センチ以上に達する多量な新積雪が短時間のうちにその上に加わること、（3）マイナスの低温が続いて新雪が柔らかい状態のまま保存されること、（4）雪庇の崩落、風などの外力が不安定な斜面積雪に働くこと、などが志合谷における長期観測によって考えられている。

ホウ雪崩の正体については、いまだ謎の部分が多いのが現状であり、今後の研究成果が待たれる。

剣岳池ノ谷で発生した巨大なホウ雪崩

ダイヤモンドダスト　大気がマイナス10～20度ぐらいになると、地上付近の大気中の水蒸気が氷結して、微小な六角柱の氷晶ができ、大気中に浮遊する。太陽の光に輝いて美しい。風が弱く、低温のときに現れる。

西穂高岳にて　2月下旬　宮島泰男撮影

霧氷　氷点下の霧や雲が樹木や岩などにつく白色または半透明の氷。氷の出来方によって樹霜、樹氷、粗氷の3種に分類される。

燕岳にて　1月上旬

結氷　沢の水は流れていればマイナス2度ぐらいでも氷にならない。風が止んだり、流れが止まると一瞬に結氷する。
赤木沢にて　11月上旬

平湯大滝　夏の平湯大滝は水量豊かで、見栄えのする滝である。冬季、日の当たらない大滝は氷結し、巨大な氷の柱になる。
2月中旬

岩氷　過冷却水滴でできた霧が、岩に吹きつけられて凍ったもの。マイナス5度以下の気温のとき、風上に大きく成長することが多く、その形から、えびのしっぽと呼ばれる。
燕岳にて　1月上旬

えびのしっぽ　山頂のケルンに付着した岩氷は30cm近く伸びていた。大雪山では、1mほどもある巨大なえびのしっぽを見た。蔵王などの樹氷は、これに雪が積み重なってできたものである。
奥穂高岳山頂にて　1月上旬

雲

山でいちばん恐ろしいのは、発生するまでわからない雷である。雷雲の中に入ってしまったら、身に着けている金属はすべてはずし、ハイマツなどの中でじっと待つ。山の雷は30分ほどで移動してしまう。雷を感知するには、ラジオのAMをつけておくといい。雷が近づくと雑音が入る。

天気、とりわけ雷の予報には観天望気が有効で、雲の種類を知っていることが役立つ。大気中に水分が水滴または氷晶として浮かんでいるのが雲で、高さによって10に分類され、さらに種、変種などに分けられている。しかし、山の雲は複合することがあり、雲の中に入ってしまうことも多いので、識別するには経験がいる。

レンズ雲　この雲は地形の影響でできることが多い。主として、絹積雲、高積雲、層積雲に分類される。強い風が山に当たって上昇し、気圧が下がって水蒸気が飽和状態になってできる雲である。山の風下側にできるものは、つるし雲と呼ばれる。レンズ雲が現れると、天気が崩れることが多い。
笠ヶ岳にて　8月上旬

高積雲　ひつじ雲、かわら雲、いしがき雲など、いろいろな名前で呼ばれている。天気の変わり目に現れる。雲量が増えると悪天になる。太陽がこの雲にかかると、彩雲が見られる。
涸沢にて　7月上旬

雲海　山の上から眺める層積雲や積雲の状態。梓川の谷にまで雲海が生じるのは前線の影響による天候の変わり目である。右手は常念岳。
白出のコルから　6月下旬

いわし雲　絹(巻)積雲の俗称だが、雲の10類の名称と厳密に対応するわけではなく、高積雲をいうこともある。さば雲、うろこ雲とも呼ばれる。氷晶から成る上層雲の一種で、不安定で長続きしない。雲量が多くなると天気が激変することがある。

涸沢岳から　5月上旬

くらげ雲　地形性の雲で、房状雲の一種。傘から触手が垂れ下がり、クラゲに似る。高積雲が西鎌尾根に当ると、乱気流に乗って筋状の雲が現れた。雲は一瞬のうちに山を隠し、雨が降り始めた。

燕岳にて　9月上旬

かなとこ雲　盛夏になると入道雲がわくことが多い。これは大気中で最も激しい対流現象を示す積乱雲で、発達して雲頂が偏西風に乗ると、そこから上への発達が抑制され、水平方向に広がる。鍛冶道具の鉄床に似るためこの名がある。夕立、雷の発生を伴うので注意が必要。

太郎兵衛平にて　8月上旬

滝雲　稜線の風上側からの雲が、稜線を越えて風下側に滝が落ちるように流れるところからついた名。
涸沢岳から　10月上旬

積乱雲とジャンダルム　白出のコルから山頂に向かう。夕立の直後で雲が次第に小さくなっていく。西の空にはまだ巨大な積乱雲が残る。日差しの強い夏、または冬、季節風が暖かい日本海を越すときに発生する。
奥穂高岳山頂にて　8月上旬

自然現象

光と影

山の上から御来光を見たとき、だれもが荘厳な気持ちになる。人間は光があることによって物が色彩豊かに見える。太陽の光は紫外線から赤外線まで、あらゆる波長を持っており、条件によって虹やブロッケン現象が太陽を背にして見える。彩雲、暈《かさ》、幻日《げんじつ》、光冠《こうかん》などは太陽のまわりに現れる。

幻日　太陽と同じ方向に現われる現象。太陽の位置が低いときに見られる。太陽側が赤色で、外側が白になることが多い。
燕岳にて　9月下旬

彩雲　稜線のガスが強風にあおられている。太陽が山の端に入ると、渦巻くガスに太陽光が当たり、虹のように彩られる。
涸沢岳にて　8月上旬

暈　氷晶から成る巻層雲のような雲を通して太陽や月を見たとき、太陽または月のまわりに起こる光学現象。白く見えることが多いが、色彩豊かな現われ方をする。
白出のコルにて　5月上旬

彩雲　笠雲が北穂高岳を越すときに現れ、悪天候になる前の強風に乗って、さまざまに変化した。太陽が雲の中に入ると、彩雲の現象が見られた。
南岳　1月上旬

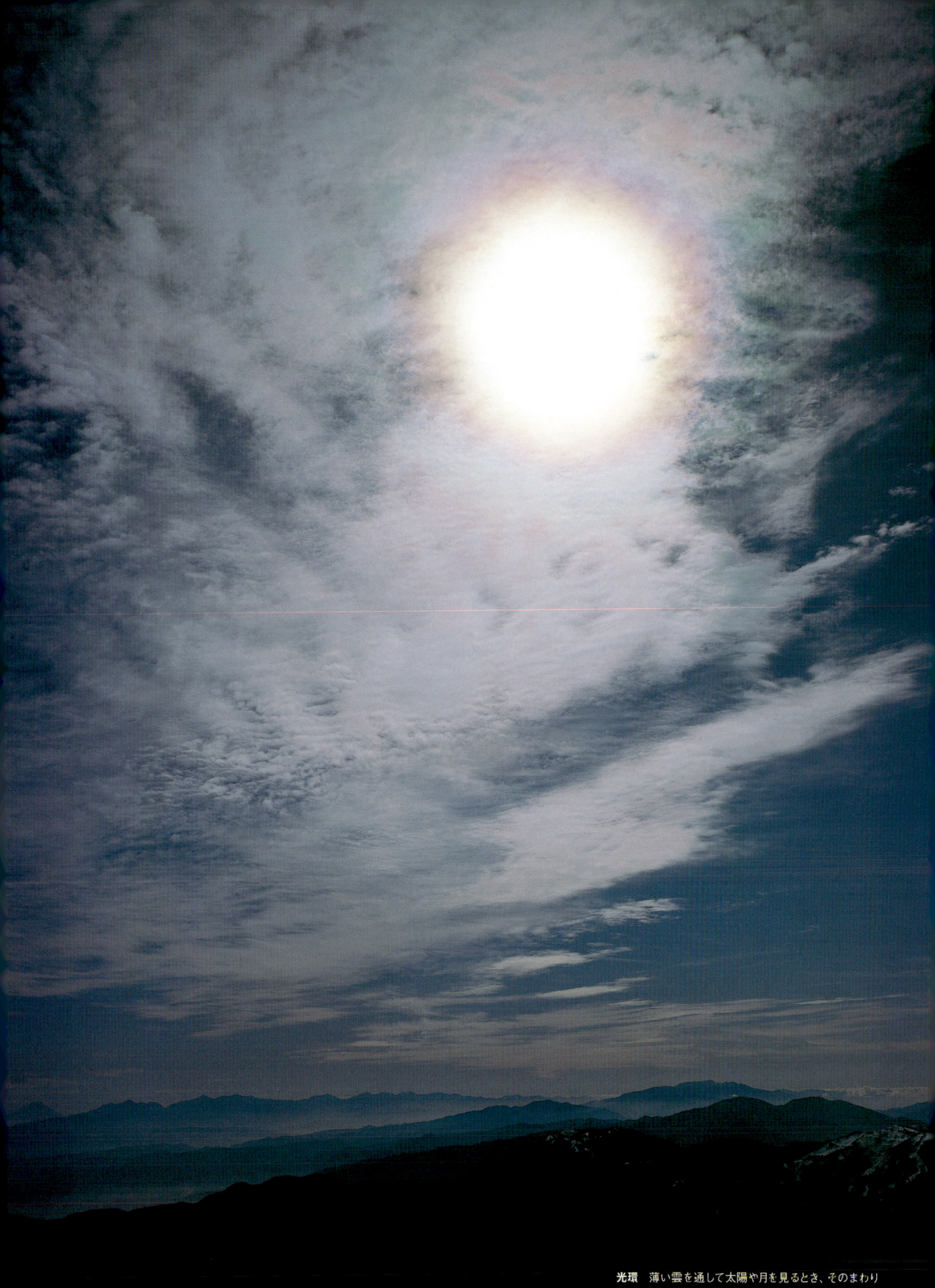

光環　薄い雲を通して太陽や月を見るとき、そのまわりに現れる視半径2～5度の光の環をいう。
常念岳にて　1月上旬

暈――絹層雲とジャンダルム　巻層雲、うす雲とも呼び、氷晶からなる。ベール状に全天が覆われる。日の暈、月の暈が現れるときは温暖前線が近づき、15〜20時間後には悪天となることが多い。続いて寒冷前線がきて、天気がさらに荒れることもある。
白出沢にて　5月上旬

太陽柱（左）　悪天が2日続いたあとの夕方、真っ赤な夕焼けとなった。その中に1本の明るい光の柱が伸びた。日の出や日没の前後、大気中に氷晶があるとき、結晶の上下の面だけが太陽の光を反射することによって起こる。
燕岳にて　9月下旬

虹（右頁）　雨上がりに見られることが多いが、二重の虹はさらに条件がよくないと見ることができない。
燕岳にて　9月下旬

ブロッケン現象（下）　山稜で霧や雲に覆われ、太陽を背に立つとき、自分の影とそれを取り巻く美しい輪が霧の中に見えることがある。光の輪は、赤色を外側にし、何人いても自分一人分しか見えない。ブロッケン山でよく見られるのでブロッケンの妖怪と呼ばれている。
白出のコルにて　8月上旬

朝日　常念岳　白出のコルから　8月上旬

朝日　有明山　燕岳から　9月下旬

朝日　富士山　燕岳から　1月上旬

朝日　浅間山　燕岳から　9月下旬

朝日　槍ヶ岳　笠ヶ岳から　7月下旬

●朝日と夕日

かつては北アルプスから眺める日の出と日の入りは、はっきり違っていた。朝は大気中に水分が少ないため、赤みはピンクがかった色で、モルゲンロート（山が朝日で赤く染まること）の山が真っ赤に焼けることが多かった。夕日は水蒸気が多く、橙色をしていた。近年はスモッグの層が厚くなり、冬でも夕日のような、どんよりした太陽が昇ることが多くなった。写真を見ただけでは朝日、夕日の判断はつかず、山との位置関係を見なければ判断はつかない。

夕日　笠ヶ岳　白出のコルから　10月上旬

夕日　槍ヶ岳　大天井岳から　1月上旬

夕日　ジャンダルム　奥穂高岳から　10月下旬

夕日　笠ヶ岳　白出のコルから　5月上旬

夕日　滝谷　北穂高岳にて　11月上旬

月とモルゲンロートの槍ヶ岳　月面に人類が降り立って以来、神秘性が失われたが、山で見る月は原始の姿のままである。槍ヶ岳の稜線は朝日を受けて、モルゲンロートに染まり始めた。

常念岳にて　1月上旬

地球の影　日の出前、太陽光が大気を斜めに差す。その大気に地球の影が映る。日の当たった大気はピンク色、地球の影は灰色である。

大喰岳から　1月上旬

第5章

生き物たちの世界

高山植物とお花畑

樹林の花

北アルプスのおもな植物は樹木で、標高による樹林帯をつくっている。標高500～1500メートルほどが山地帯で、ブナ、ミズナラ、イタヤカエデ、トチノキ、サワグルミなどの落葉広葉樹が繁茂している。山地帯の上、2500メートルほどまでが亜高山帯で、オオシラビソ、シラビソ、コメツガなど、おもに常緑針葉樹が生育している。その上限が森林限界で、さらに上部に高山帯がある。亜高山帯から高山帯にまたがって、広くハイマツが生育する。樹林の間ではさまざまな環境に多くの種が生育し、花を咲かせている。

キクザキイチゲ　扇沢　5月

ミヤマエンレイソウ　涸沢　6月

クルマバツクバネソウ　上高地　5月

ゴゼンタチバナ　槍沢　6月

センジュガンピ　上高地　5月

シラネアオイ　立山カルデラ　6月

ミヤマカラマツ　上高地　6月

エゾムラサキ　徳沢　5月

ニリンソウ　徳沢　5月

シラビソ、ツガ林　岳沢　6月

シラカバ林　乗鞍高原　5月

ブナ林　ワサビ平　5月

ハイマツ帯　三俣蓮華岳　8月

ハイマツの実　燕岳　7月

オオシラビソ林　雲ノ平　8月

ダケカンバ林　涸沢　10月

カラマツ林　上高地　10月

カラマツ(自然林)　合戦尾根　11月

ベニバナイチヤクソウ　上高地　5月

コイワカガミ　岳沢　7月

コケモモ　岩小屋沢岳　7月

キバナシャクナゲ　涸沢岳　7月

ハクサンシャクナゲ　白馬大池　7月

アズマシャクナゲ　徳沢　6月

ヤマシャクヤク　上高地　5月

ナナカマド　涸沢　6月

オオカメノキ　涸沢　6月

タムシバ　美女平　6月

ムラサキヤシオツツジ　乗鞍高原　5月

ミヤマザクラ　乗鞍高原　5月

高山植物とお花畑

高原の花

標高1500〜2500メートルほどの亜高山帯には、樹林のほかに草原、湿原などさまざまな生育場所がある。沢筋とか多雪地帯の樹林の周辺には、シシウドやクガイソウなど丈の高い高茎草原が見られる。遅くまで雪の残る雪田には、ハクサンイチゲやシナノキンバイなどのお花畑が大群落をつくる。同じ多雪地帯でも、ゆるやかな起伏の続く斜面には水がたまりやすく、湿原ができやすい。特に水の多い場所には池塘ができ、ミズバショウやワタスゲなどの湿生植物が生育している。

オタカラコウ　白馬尻　7月

サンカヨウ　槍沢　7月

キヌガサソウ　立山カルデラ　6月

キバナノヤマオダマキ　徳沢　6月

クガイソウ　槍沢　7月

オニシモツケ　小蓮華山　7月

シモツケソウ　西穂高岳　7月

タカネグンナイフウロ　蝶ヶ岳　7月

クロユリ　五色ヶ原　7月

ミヤマアキノキリンソウ　南岳　8月

タカネバラ　白馬大池　7月

シナノキンバイ　燕岳　7月

ミヤマキンポウゲ　槍沢　7月

ハクサンイチゲ　清水岳　7月

ハクサンフウロ　小蓮華山　7月

リンネソウ　白馬大池　7月

ヒメシャジン　白馬大池　7月

シロウマアサツキ　鉢ヶ岳　7月

ヨツバシオガマ　天狗平　7月

ハクサンチドリ　蝶ヶ岳　7月

タカネマツムシソウ　旭岳　7月

ミヤマリンドウ　白馬岳　7月

白馬岳　白馬山荘の南西斜面には、ミヤマキンポウゲのお花畑がある。　7月

黒部五郎岳　黒部五郎カールの崖錐には、シナノキンバイやハクサンイチゲなどが咲く。　7月

北ノ俣岳　太郎兵衛平から北ノ俣岳にかけては、広々とした尾根となっている。大量の降雪のため池塘が形成され、湿生植物やハクサンイチゲ、コバイケイソウなどの雪田植物が見られる。　7月

雲ノ平　祖父沢源頭部にあるコバイケイソウのお花畑。コバイケイソウなどの大型の植物は3〜5年おきに花が咲く。 後方は黒部五郎岳　7月

槍沢　槍沢は槍ヶ岳の東面にあり、積雪が多い。モレーンであるグリーンバンド周辺にお花畑があり、ハクサンイチゲ、シナノキンバイ、クルマユリなどが次々と咲く。近年、イタドリの侵入が著しい。　7月

栂池　広大な高層湿原には木道も完備され、ミズバショウ、ワタスゲ、サギスゲなどの湿生植物が多く見られる。　6月

雲ノ平　ゆるやかな起伏を見せる雲ノ平では、凸地にはハイマツやオオシラビソが生え、凹地は高層湿原となり池塘が点在し、ミヤマイやイワイチョウなどが生育する。　7月

ヒオウギアヤメ　白馬大池　7月

ニッコウキスゲ　槍沢　7月

マルバダケブキ　小蓮華山　7月

オニシオガマ　栂池　7月

テガタチドリ　槍沢　7月

レンゲツツジ　上高地　6月

ミツガシワ　乗鞍高原　5月

ウメバチソウ　小蓮華山　7月

イワイチョウ　白馬大池　7月

シロバナタテヤマリンドウ　栂池　7月

モウセンゴケ　栂池　7月

ワタスゲ（果《か》穂《すい》）　栂池　7月

高山植物とお花畑

高山の花

森林限界より上、標高2500メートル以上を高山帯といい、ここを生育の本拠とする植物を高山植物という。高山帯は低温、強風、多雪などに加え、高山特有の岩石地形などは土壌の水分、栄養が乏しく、植物の生育には厳しい環境である。高山植物はこの環境に適応するため、形態、構造、生育期間など特異な分化を遂げてきた。風に耐えるため丈が小さく、岩地では長い地下茎を伸ばして栄養を取り、長い積雪に耐えるため雪が消えるとすぐ芽を出し、花を咲かせ、実をつける。

ハクサンコザクラ　白馬大池　7月

チングルマ（種子）　白馬大池　7月

ミヤマキンバイ　五色ヶ原　7月

ウサギギク　東鎌尾根　7月

ツガザクラ　朝日岳　7月

アオノツガザクラ　朝日岳　7月

ジムカデ　白馬大池　7月

イワウメ　燕岳　7月

ミネズオウ　清水《しょうず》岳　7月

イブキジャコウソウ　白馬岳　7月

ミヤマアズマギク　清水岳　7月

ミヤマコゴメグサ　白馬大池　7月

タカネシオガマ　白馬岳　7月

ウラジロキンバイ　鑓ヶ岳　7月

タカネナデシコ　小蓮華山　7月

ミネウスユキソウ　白馬岳　7月

タカネヤハズハハコ　東鎌尾根　8月

チシマギキョウ　燕岳　7月

イワベンケイ　涸沢岳　7月

チョウノスケソウ　槍ヶ岳　7月

トウヤクリンドウ　白馬岳　8月

シロウマタンポポ　白馬岳　7月

雲ノ平　チングルマはバラ科の落葉小低木。茎が2～3mmに育つまで50年かかるという。後方は薬師岳。　7月

清水平　清水岳には豊富に雪渓が残る。湿地状の斜面を好むハクサンコザクラやイワイチョウなどが多く見られる。　7月

燕岳　山頂近くには花崗岩の岩塔群が特異な景観を見せる。その西斜面にコマクサの群落がある。コマクサはほかの植物が根付けない荒れた砂礫地に生育する。積雪の多い東斜面ではほとんど見かけない。この可憐な花は高山植物の女王と呼ばれる。　7月

ミヤマオダマキ　五色ヶ原　7月

イワオウギ　白馬岳　7月

イワギキョウ　東鎌尾根　8月

ミヤマクワガタ　白馬岳　7月

コマクサ　杓子岳　7月

ウルップソウ　天狗平　8月

ミヤマダイコンソウ　燕岳　8月

キバナノコマノツメ　白馬岳　7月

タカネスミレ　白馬岳　7月

ミヤマムラサキ　清水岳　7月

タカネツメクサ　東鎌尾根　7月

シコタンソウ　白馬岳　7月

高山植物を撮る

三宅 修 *Osamu Miyake*

かよわい植物を大切に

氷期、日本も寒冷な気候であったころの植物のなかで、気温の温暖化につれて亡ぶものと、冷気を追って高山へと逃げ登っていったものがあった。その末裔《まつえい》が今の高山植物で、サハリンやシベリアでは平地で見られる。中部日本では標高2500メートルをこえる高山帯の、苛酷な厳寒と烈風のなかで生延びている貴重な遺物たちである。

そんな稀品だけに、写真に撮るには充分な注意が必要になる。デリケートな高山植物の撮影で最も注意しなければならない点は、踏みこんで植物の周辺を荒らしてはいけない、ということである。一度傷めた植生は回復不可能に近く、荒地となって絶滅してしまう恐れがある。それでも踏みこむのは、生物についてまったく無知な人か、常識はずれのカメラマン、ということになる。

まず高山植物撮影は、登山道や木道から一歩も踏み出さずに撮ることから始めねばならない。方法は二つある。一つは充分に探し歩いて、道沿いの撮りやすいモデルを探すこと、もう一つは離れていても接写のできる機材、望遠マクロレンズや超望遠マクロレンズを使うことである。市販されている望遠・超望遠マクロレンズは単体で400ミリ、300ミリ、200ミリ、180ミリ、105ミリ、90ミリ、などがある。さらにズームレンズで長焦点側がマクロレンズになる70ミリ〜300ミリアポマクロスーパー（シグマ）や全域マクロレンズの70ミリ〜180ミリ（ニコン）がある。高山植物を撮るのなら、これらのレンズを1本、ザックの機材に加えたい。

花を撮る基本

一般の野草を撮るのと同じように、三つのパターンに分けられる。

1. 周辺の植生を含めた環境ぐるみを撮る生態写真。
2. 植物の全体、花や葉のつき方や形、根もとまでの姿をきちんと撮る図鑑的写真。
3. 花や実、葉などの部分をアップで捉える造形的作品。

撮影のポイント

前項1.の生態写真のポイントはパンフォーカス。高山植物の生育環境は湿性、中性、乾性と大きく分けられる。さらに高山帯らしい要素である夏の雪渓とか、累々たる岩海（ブロックメール）やハイマツ帯などを背景に入れる。クローズアップというより標準レンズから広角系を使い、被写体から離れて撮るので、全体の画面整理と目的の植物をどうやって浮き上がらせるかが大切であり、基本は足もとから無限遠までパンフォーカスで撮ることである。

広角でアップに強いレンズを使い、主題にぐんと近づいてデフォルメしながら背景をいっぱい入れるのもいい方法の一つである。

2.ではモデル選びが大切。根もとから頭の上までよい形で、花も葉もよくわかる1本を探すだけでなく、周囲に邪魔のないものが理想的だが、まあ、適当なところで妥協しなければならないのが一般である。ただし、条件がととのわないからと邪魔な枝葉などに手をつけてはならない。切る、抜くなどはもってのほか。主題を浮き上がらせるために絞りは開き気味にして、背景をアウトフォーカスにする。プレヴュー装置でバックのボケ具合を確かめて絞りを決めるといい。

3.は近距離で最高の描写ができるマクロレンズの世界。あるいはフィルター型のクローズアップレンズや中間リングを使ってもよいが、マクロレンズの性能や便利さにはかなわない。

マクロレンズには焦点距離の異なる系列がある。50ミリ前後の標準マクロレンズは小型で使い勝手もよく、ブレも少ない。その代わり、レンズと被写体との間隔が狭いので、光線の扱いが難しいのと、昆虫などの接写には不向きだ。

100ミリ前後の望遠マクロレンズではピント合わせとブレに注意しよう。その代わり、被写体との距離が取れるので、レフ板やストロボなどの補助光線が使用しやすい。

200ミリ前後のマクロレンズになると、まずブレの心配が大きい。その代わり花を遠くから接写できるので植物を傷めることが少なくなり、花を訪れる昆虫も撮る機会がふえる。高山植物を狙うなら、このくらいのマクロレンズは欲しい。

しかし、本当に高山植物や自然にやさしいマクロレンズは300ミリ〜400ミリ。日本ではシグマに高性能のものがそろい、おもなメーカーのカメラに合せた専用マウントがある。重量をセーブしたい山岳写真では、70ミリ〜300ミリのアポマクロスーパーが軽量で300ミリマクロレンズとしても実用性が高く、山道や木道から踏み出すことなしに2分の1マクロ撮影が楽しめる。究極の高山植物用マクロレンズである。

ただしブレ対策は細心の注意が必要になる。ミラーショックなどのほか、微風による揺れも影響する。その対策としてはISO感度の高いフィルムを使って、速いシャッターを切る。ストロボを同調させるなどのほか、カメラによってはミラーアップにしたり、さらにリモコンレリーズを使うのもよい。速いシャッターを切るためには絞りを開いて使うことになる。開放からF8ぐらいでは、被写界深度はごく浅い。前後のボケが大きいので、ボケ味を充分に生かすことを考える。

もう一つピント合わせはファインダー拡大用のマグニファイアを使って、おしべめしべにぴっと合わせる。

焦点距離の異なるマクロレンズによる作例

広角系24ミリマクロレンズで生育環境も描写。

105ミリマクロレンズで同じ場所で撮影。

絞りによる被写界深度の違い

105ミリマクロレンズの絞りをF2.8開放で撮影。

105ミリマクロレンズの絞りをＦ22に絞り、
ピントの合う範囲を広げて撮る。

登山道から撮る

一般の草花撮影に使われている105ミリ前後の
マクロレンズで道路から撮影。

同じハクサンイチゲを300ミリマクロレンズで接写。

各種マクロレンズによるカメラ位置の変化と作例

55ミリ標準マクロレンズ
でアップ撮影。

105ミリマクロレンズで
アップ撮影。

同じ画面を300ミリマク
ロレンズで撮影。

新緑と紅葉

山で季節を最も感じるとき、それは芽吹きと紅葉の時季である。山に、春は必ずやってくる。ケショウヤナギの梢が赤く色づくと、春は近い。ナナカマドの枝がむちのように残雪を蹴破って、外に出る。すぐに若葉が山を覆い始める。新緑の季節だ。

短い夏が過ぎ去ろうとする頃、山の稜線から草紅葉の便りが聞かれるようになる。ハイマツの陰で、ひっそり目立たなかったナナカマドが、赤く色づき始める。しかし、美しい紅葉に毎年恵まれるとはかぎらない。全山紅葉となるのは数年に一度のことで、台風、秋の長雨、降雪などによって、色づく前に散ってしまったり、枯れてしまうことが多い。

ナナカマドの蕾　ナナカマドの芽が開くと、中にしっかりと蕾が収まっていた。夏には白い花が咲く。
燕岳にて　6月中旬

ケショウヤナギと穂高　河童橋の横にケショウヤナギの大木がある。隔離分布で知られ、北海道と上高地周辺の梓川沿いだけに見られる。河原の崩壊によって世代交代をする。
河童橋にて　5月中旬

ナナカマドの芽吹き　5月の涸沢は深い雪に埋もれており、わずかにダケカンバが急斜面に姿を現している。6月に入ると、ナナカマドやミヤマハンノキといった低木が一斉に芽吹き始める。
涸沢にて 6月上旬

ハルニレ　かつて牧場であった徳沢は、草原が広がり、明るく気持ちのよい場所である。その草原にハルニレの大木が大きく枝を広げている。

徳沢にて　6月上旬

カツラ　明神より徳本峠への道の途中に、立派なカツラがある。振り仰ぐと、卵形をした葉が重なり合って茂っている。

明神にて　5月下旬

シラカバと乗鞍岳　高原にはシラカバがよく似合う。乗鞍高原は標高1400m前後の台地が広がり、シラカバの適地である。

乗鞍高原にて　5月下旬

ブナ　北アルプスの北部から北東部にかけて、ブナの大森林が見られる。ワサビ平周辺は、北アルプス南部としては珍しく、大規模な林がある。

ワサビ平　5月中旬

ダケカンバの新緑　北アルプスで見かけるカバノキ科の大部分はダケカンバである。特に稜線付近でよく見られる。

槍沢にて　5月中旬

ブナの紅葉(左)　蓮華温泉に向かう林道は、かつてはブナ林がみごとであったが、現在は見る影もない。ブナの美しい紅葉はめったに見られない。
蓮華温泉にて　10月中旬

ナナカマド(右)　ナナカマドが美しく紅葉するためには、季節がきちんと変わる必要がある。前の冬に降雪が多いこと、夏の日照が十分なこと、秋雨が少なく台風の影響を受けないこと、さらに新雪が降らないこと。これらの条件がそろったとき初めてみごとな紅葉となる。
洄沢にて　10月上旬

S字峡の紅葉　下ノ廊下は急峻なV字谷で、その斜面にはへばりつくようにブナやクロベが育つ。S字峡付近は標高約1000mと低く、紅葉の見頃は10月下旬である。
黒部川下ノ廊下　10月下旬

黒部五郎カールの紅葉　夏山のにぎわいを見せた黒部五郎は、秋になると、めったに登山者の訪れもない静かな山となる。羊背岩とナナカマドがカールを絢爛豪華に彩る、紅葉の穴場である。
10月上旬

涸沢の紅葉(下)　ナナカマドは、すべてが赤く紅葉するわけではなく、黄色から赤まで幅が広く、同じ木でも色が違う。10年前には真っ赤な紅葉を見せた木が、今では黄色に変わり、どことなく元気がないように思える。
涸沢にて　10月上旬

仙人池の紅葉(上)　涸沢の紅葉と並んで、剣岳仙人池の紅葉は見ごたえがある。ナナカマドと新雪に輝く八ッ峰の岩峰のコントラストが美しい。
10月上旬

ダケカンバの紅葉　稜線付近のダケカンバは、なかなか紅葉した姿を見せてくれない。それだけに、紅葉して黄色くなったダケカンバは緑のハイマツの中でとりわけ目立つ。
西岳にて　9月下旬

ナナカマドと前穂高岳北尾根　涸沢に朝の光が差し始めると、ナナカマドの紅葉が逆光に輝きを増す。
涸沢にて　10月上旬

ウラシマツツジ　北アルプスでは、群生する低木の紅葉はなかなか見られない。唯一、横通岳から常念岳にかけて、ウラシマツツジやクロマメノキなどの紅葉が貴重だ。
横通岳　9月下旬

雲ノ平の紅葉　草紅葉は紅葉のなかで最も早く、紅葉が真っ盛りの頃にはきらめきを失ってしまう。背景は薬師岳。
雲ノ平、スイス庭園にて　9月中旬

生き物たちの世界

山の隣人たち

農耕民族である日本人は、犬、猫、そして家畜を除いた動物をすべて害獣扱いしてきた。そのためか、野生動物への関心は低かった。一時、北アルプスでネズミ、ウサギなどが増え過ぎ、キツネが放されたことがあった。その結果、オコジョやライチョウなど、それまで天敵の少なかった動物が減ってしまった。北アルプスは日本に残された野生動物の数少ない聖域である。われわれが直面している大量消費、環境汚染などの問題を考えるとき、北アルプスの自然のサイクルを知ることは重要で、そこに資金と労力が向けられる必要がある。

カモシカ　この大型哺乳類は偶蹄目ウシ科でシカの仲間ではない。全長約130cmで、地方により体色が異なる。本州中部のものは灰茶色。高山獣で、単独またはつがいで生息する。春、好物のニリンソウが咲く頃、徳沢付近でよく見かける。　5月

ツキノワグマ　食肉目クマ科の大型哺乳類。本州と四国の山地に分布する。雑食性だが植物食が多く、積極的に人畜を襲うことは少ないうえ夜行性のため、あまり人目に触れない。
槍沢支流ワサビ沢にて 5月 泉山茂之撮影

ニホンザル　体長50〜70センチメートルで、20から100頭くらいの群れで生活する。北限は下北半島。北アルプスのサルは、40〜50頭くらいの群れをつくっている。数が増えたのか、見かける機会が多くなった。
明神にて　5月上旬

キツネ　高山には住めず、稜線まで登ってもすぐ里に下りていた。高山に慣れ、キャンプ場や小屋の残飯をあさるようになり、住み着くようになった。
合戦の頭 9月下旬 三宅修撮影

オコジョ(夏毛)　食肉目イタチ科。体長30cm強、尾長約10cmで、雌がやや小さい。北アルプスでは亜高山帯以上に生息する。小穴や岩のすきまにすみ、小動物を捕食する。
天狗平にて 8月下旬 佐伯賢輔撮影

オコジョ(冬毛)　夏毛は背が灰褐色、腹が淡色で冬毛は尾の先端を除いて、全身純白になる。撮影された個体は5月のため、頭部が色づいている。
天狗平にて 5月下旬 佐伯賢輔撮影

カモシカ　動きは敏捷で、急峻な岩場や雪の斜面も、
簡単に上り下りする。特別天然記念物。
作郎谷(黒部川下ノ廊下)にて　5月上旬

ライチョウ　キジ目ライチョウ科。全長約40cm。4月中旬から変わり始める夏羽は、6月には褐色となる。秋になると白っぽくなり始め、冬羽は尾を除いて純白となる。目の上に赤い肉冠がある。氷河時代から生き残る「生きた化石」といわれている。通年、ハイマツ帯の高さに住み、ハイマツの芽、小枝、種実などを食べる。5月から6月にかけてつがいとなり、縄張りを決める。侵入者を威嚇する鳴き声はカエルのようで、優雅な姿には似合わない。6月中旬、ハイマツの中に6〜10個の卵を産み、二十数日で孵化する。雌だけが抱卵し、8月まで雛を育てる。天敵が多く、栄養条件も厳しいため成鳥になる数は少ない。特別天然記念物。

夏羽の雄

冬羽の雌

雛を連れた雌　燕岳

ホシガラス　スズメ目カラス科、全長35cm。秋になると、ハイマツに止まる姿を見かけることが多くなる。冬に備えて、ハイマツの実を埋めている。ホシガラスが忘れた実が発芽して、ハイマツが増えていく。

笠ヶ岳　9月下旬　三宅修撮影

イワツバメ　縦走路で見ることが減ったと思ったら、黒部の谷のあちこちで見かけた。梓の河原でも巣作りの土を運ぶイワツバメに出合った。6月上旬

イワヒバリ　スズメを一回り大きくした姿を、稜線の山小屋周辺でよく見かける。穂高岳山荘の石垣で雛を見たことがある。白出のコルは風が強いが、人間のそばには餌があり、安全なのだろう。

白馬岳にて　8月上旬

タカネキマダラセセリ　セセリチョウ科。南アルプスの一部と、北アルプス中部から南部にかけての標高2000m付近に生息する高山チョウ。高山チョウは食草をとる期間が短い夏だけのため、一世代が3年かけて成長を完了する。

槍沢にて　7月下旬

タカネヒカゲ　ジャノメチョウ科の代表的な高山チョウ。写真家、田淵行男によって「ハイマツの仙人」と呼ばれた。標高2500m以上の岩礫地に生息し、保護色で知られる。イワスゲなどが食草。2年間幼虫で過ごし、3年目に羽化する。

蝶ヶ岳　8月上旬　三宅修撮影

クモマベニヒカゲ　ジャノメチョウ科の代表的な高山チョウ。北アルプスの高山帯に生息し3年目に羽化。カヤツリグサ科やイネ科の植物を食べる。

清水岳　8月上旬　三宅修撮影

ベニヒカゲ　ジャノメチョウ科。クモマベニヒカゲの近縁種で、よく似ているが、羽の模様で区別される。3年で羽化する。食草はスゲ類。

太郎兵衛平　8月上旬　三宅修撮影

コヒオドシ　タテハチョウ科。山地帯で発生し、夏にお花畑に蜜を求めて上がってくる。食草はホソバイラクサやミヤマイラクサ。

上高地にて　5月下旬　三宅修撮影

ミヤマモンキチョウ　シロチョウ科の代表的な高山チョウ。標高2000m以上の山地に生息する。幼虫で越年する。食草はクロマメノキ。

高天原にて　8月上旬　三宅修撮影

雪虫　綿虫とも呼ばれる、晩秋から早春にかけて現れるリンゴワタムシなどの俗称。体に白色ろう物質を分泌して覆われる。リンゴなどの害虫。ワタアブラムシ科に属する。

上高地・六百山　10月下旬

column

上高地とケショウヤナギ

Takeei Koizumi 小泉 武栄

上高地は自然の豊かなところである。真ん中を水量豊かに流れる梓川の渓流と、川のつくる自然、それにまわりを囲む高い峰々は、わが国の自然美を代表するものであり、私たちをひきつけてやまない。近年、汚染が指摘されてはいるとはいえ、梓川の水はまだまだ澄んでいて、川底の白い砂が透けてみえるほどきれいである。またちょっとした淀みや木陰にはイワナや水鳥が遊んでいて、見る人をほほえましい気分にさせてくれる。川沿いには季節ごとに姿を変える広葉樹や針葉樹の原生林があり、森の中には点在する湖沼と湿原がある。そして大正池と焼岳。ここにはわが国には珍しく、美しいけれど、野生的で生き生きとした自然がまだ残されている。もちろん穂高岳の岳沢をバックにした河童橋の景観も素晴らしいものだし、森の中の帝国ホテルの赤い屋根が印象的なことはいうまでもない。

しかし上高地の自然を代表するものといえば、やはりケショウヤナギであろう。ケショウヤナギは、若木の枝や葉にロウ質の白い粉のようなものがついて美しいため、化粧柳の名がついたものだが、極端な隔離分布《かくりぶんぷ》を示すことで有名な植物で、オホーツク海の北側の沿岸地方を本拠地とし、わが国では北海道の十勝・日高地方の川の上流部と、上高地にしか分布しない。

ケショウヤナギが分布するためには、低温で、ときどき氾濫する礫質の広い河原をもった河川が必要である。しかしこういった条件を満たす川の上流域は、現在、本州では上高地ぐらいにしか存在しない。このため、ケショウヤナギは上高地の特産種に近いような存在になってしまったのだと考えられている。氷期にはおそらく東北地方あたりでもこうした条件を満たす川がいくつも存在し、ケショウヤナギはそこを伝って上高地にまで伝播してきたのに違いない。しかしその後、こうした立地は次々に失われ、途中にあったケショウヤナギの分布域は消滅してしまった。

ケショウヤナギは上高地では、おもに河童橋より上流側の、明神から徳沢にかけての川沿いでみることができる。ここではケショウヤナギの純林のほか、ハルニレ、サワグルミ、ドロノキなどの落葉広葉樹の林が成立しており、橋の下流側と比べて何となく荒れた感じを受ける。河童橋の下流側では、シラビソやウラジロモミの針葉樹林が成立し、落ち着いたたたずまいをみせているから、この点、まことに対照的といえる。

ところでケショウヤナギやハルニレの森林は、川に沿って分布することから、一見、水分条件のいい水辺に発達した森林のようにみえる。しかし実際は、梓川による破壊の繰り返しによって成立し、維持されている森林なのである。この辺りでは、梓川は普段でも河原一面に広がる網状流となって流れているが、集中豪雨のときには大きく氾濫したり、流路を変えたりする。そしてそのたびにそれまでの森林は押し流され、新たな河原ができる。この河原に最初に入り込むのがケショウヤナギなのである。ケショウヤナギは氾濫によって自らの林が壊されることによって存続しているといえる。

ケショウヤナギの花粉　5月上下旬

最近、都立大学の岩田修二さんや高知大学の石川愼吾さん、あるいは北海道大学の進望さんなどを中心とする「上高地自然史研究会」のメンバーによって、ケショウヤナギを始めとする、上高地の森林について詳しい調査が行われ、興味深いことがいろいろ明らかになってきた。それによれば、ケショウヤナギの林が維持されるためには、二重の意味で梓川の氾濫や流路の移動が必要であるという。まずそれまでの森林を破壊して、ケショウヤナギの種子に新たな発芽の場を与えるのが、氾濫の第一の役割である。しかしときには河道が別の場所に移動して、ケショウヤナギが種子をつけるまで生長できるよう安定した状態を保つことも必要で、これが第二の大切な役割だという。つまり川が同じ場所で何度も氾濫を繰り返していると、ケショウヤナギの幼木はせっかく発芽しても、また流されてしまって、いつまでたっても大きくなれない。これでは跡継ぎを残すことはできない。だから幼木が大きくなって種子をつけられるようになるためには、川がしばらく別の場所に行ってしまうことが必要である。こうして時間的な余裕を与えられると、ケショウヤナギは初めて大きく育ち、種子をつけることができるというわけである。

このようにケショウヤナギの林は、思いのほか微妙な条件の下で成立している林であることがわかってきた。したがって堤防などをつくって梓川の氾濫を押さえ込んだりするとケショウヤナギの林は滅びてしまう危険がでてくる。

上高地の自然は全体が国の特別天然記念物に指定されているが、ここ数年来、建設省は旅館街の洪水防止を名目に、梓川の河床の一部をコンクリートで固めて河床の低下を防ぐ工事や、川の両岸に堤防をつくり、梓川の河道を固定するという工事を行いつつある。環境庁や「上高地自然史研究会」は、工事に反対しているが、このまま工事が進むと上高地のケショウヤナギは本当に滅びてしまう恐れがある。旅館街の洪水についてはやはり、土台の嵩上《かさあげ》げなど、別の方法で対処すべきであろう。

なおケショウヤナギの林はしばらく洪水がないと、ハルニレやサワグルミ、ドロノキなどの森林に移行していき、さらに時間がたつとシラビソやウラジロモミの林に変わっていくと考えられている。

第6章

登山と観光

コースガイド

大雪渓から白馬岳、白馬大池

白馬尻《はくばじり》▶大雪渓▶葱平《ねぶかっぴら》▶白馬岳《しろうま》▶三国境▶小蓮華山▶白馬大池▶栂池《つが》

白馬岳は北アルプスの初心者にとって好適な山である。アプローチが便利であり、日本三大雪渓の一つで、比較的容易なルートの白馬大雪渓を登り、高山植物の咲くお花畑を行く。稜線に出れば展望が開け、南と西には北アルプスの山々を望み、東には戸隠連峰から富士山まで見渡せる。

白馬尻小屋　白馬駅からバスで猿倉へ。猿倉荘左手の登山道を5分ほどで林道に出る。さらに登ると、大雪渓の末端、白馬尻に着く。

葱平　白馬尻から約2時間の登りで大雪渓の上端、葱平に着く。地名は生育するシロウマアサツキに由来する。

お花畑と羊背岩　大雪渓の上部に続く小雪渓を抜けると、ゆるやかなお花畑に出る。中ほどに見える大岩は赤岩と呼ばれ、氷河に削られた羊背岩である。

白馬大雪渓　日本三大雪渓の一つ。日本海に近く、積雪量が多いため大雪渓となる。その規模は長さ約2km、標高差600m、平均傾斜15度である。

白馬岳山頂　山頂からの展望は雄大で、北アルプス全域と日本海までもが一望できる。山頂の展望盤は、新田次郎の『強力伝』で知られるように、人力で担ぎ上げられた。

三国境　白馬岳の北に位置し、富山、長野、新潟3県の境で、雪倉岳、朝日岳への縦走路と白馬大池、栂池への道の分岐点。

白馬大池　白馬岳北西約5kmのところに、北アルプス最南部にある乗鞍岳と同名の火山があり、その活動による堰止湖。

天狗原　白馬大池から栂池に下る途中にある湿原。湿生植物が多く見られる。

山頂から望む杓子岳と鑓ヶ岳　白馬岳と合わせて白馬三山と呼ばれる。雪渓、標高、温泉と日本の山の魅力を併せ持つ。

小蓮華山（白馬岳付近より）　富山側から眺めた白馬岳を大蓮華、そして北側の山を小蓮華と呼んでいた。そのまま小蓮華の名前は残った。

ウルップソウ　白馬岳周辺、八ヶ岳、礼文島と極端な隔離分布を示す。

栂池　栂池湿原は栂池自然園として管理されている。白《はく》馬《ば》駅と栂池自然園の間はバス、ゴンドラリフト、ロープウェイの乗り継ぎで、観光客が目立つ。

コースガイド

白馬三山と鑓温泉

白馬岳▶杓子岳《しゃくし》▶鑓《やり》ヶ岳▶鑓温泉

白馬岳は標高2933メートルで3000メートルにわずかに足りないが、北アルプスを代表する山の一つである。4月の苗代づくりの時期、雪が消え始め、山腹に代掻き馬、すなわち代馬《しろうま》が黒く現れる。山名の由来であり、駅と村の名が「はくば」になっても、山は「しろうま」である。白馬三山の縦走は、大雪渓、お花畑、温泉と北アルプスの魅力を併せ持っている。

杓子岳と鑓ヶ岳　白馬岳山頂から南に、杓子岳、鑓ヶ岳と連なり、白馬三山と呼ばれる。杓子岳にはコマクサの群落がある。

天狗平と鹿島槍ヶ岳。槍ヶ岳遠望　鑓ヶ岳山頂の展望はよく、北に白馬岳、杓子岳が望める。西に剣・立山連峰と薬師岳が、南には天狗平のゆるやかな尾根から先に、鹿島槍ヶ岳が見える。

鑓ヶ岳　鑓、槍の名は鋭い峰を持つ山に多く、この山も大雪渓からは尖って見える。しかし、縦走路からはゆったりした山容を見せる。

天狗平の岩峰　下から見上げると、この付近の稜線が東、長野県側に急傾斜していることがよくわかる。

大出原《おいでっぱら》　鑓ヶ岳の東斜面に広がるお花畑で、大きな雪田が残る。ハクサンイチゲ、ミヤマキンポウゲ、ミヤマキンバイ、クルマユリなどが次々と咲く。

鑓温泉　標高2000mを超える日本有数の高地温泉で、白馬岳登山の魅力の一つである。雪崩に備え、シーズンが終わると建物は解体される。

コースガイド

種池から鹿島槍ヶ岳、五竜岳

扇沢▶種池▶爺ヶ岳▶鹿島槍ヶ岳▶五竜岳▶唐松岳▶八方尾根

後立山連峰の核心部、種池より唐松岳を縦走する。このコースは大糸線沿線にあってアプローチが便利なこと、入・下山口が数多くあることによって、日程コース取りを自由に組むことができる。森林限界を超えた縦走路は、左手に黒部の谷を隔てて剣・立山連峰、毛勝山などの山々を眺め、正面にはこれから向かう五竜岳、白馬三山、右手には安曇野の盆地と信越の山々を眺めながらのコースである。縦走の最適期は7月下旬の夏山から、9月下旬の紅葉時までで、雪がくると最悪のコースとなる。

柏原新道入り口　道標は針ノ木峠と、種池経由鹿島槍ヶ岳登山道の分岐を示している。

種池山荘　古くから利用されてきた鹿島槍ヶ岳への登山基地。背景は立山と別山。

鹿島槍ヶ岳北峰　よく知られた双耳峰の一つ。撮影地の南峰との間は吊尾根。

種池からの針ノ木岳　正面に日本三大雪渓の一つ、針ノ木雪渓と針ノ木峠、その左が蓮華岳。日本有数の古い登山道が峠を越えている。

鹿島槍ヶ岳と冷池小屋　吊尾根をはさんで左が双耳峰の南峰、右が北峰。

後立山連峰　鹿島槍ヶ岳から望む後立山連峰の核心部と北部。手前から八峰キレット、五竜岳、白馬連峰へと続く主稜線。

五竜山荘　後立山連峰の縦走路は、ほとんど富山県側につけられている。中央遠方に白馬村。

五竜岳　後立山連峰ほぼ中央に位置し、縦走路のほか、長野県側に遠見尾根ルートがある。

八峰キレット　後立山連峰縦走路の難所の一つ。はしご、鎖がつけられている。

キレット小屋　難所キレットにあるオアシス。この山域は小屋の間隔が空いているため、利用者も多い。

唐松岳と八方尾根　スキーで知られる八方尾根は、登山コースとしても交通の便がよい。

八方池　八方尾根第三ケルン付近にある小さな池で、ここまではハイカーも足を延ばす。

コースガイド

涸沢から奥穂高岳、前穂高岳

横尾谷▶涸沢《からさわ》▶奥穂高岳▶前穂高岳▶岳沢《だけさわ》

日本第三の高峰、奥穂高岳（3190メートル）に登るコース。横尾、涸沢、白出のコルを経て奥穂高岳へのルートは、比較的楽に登れて人気もある。涸沢は、春、夏、秋とそれぞれに楽しむことができ、北穂高岳やバリエーションルートの前穂高岳北尾根、奥又白の池への登山基地ともなっている。

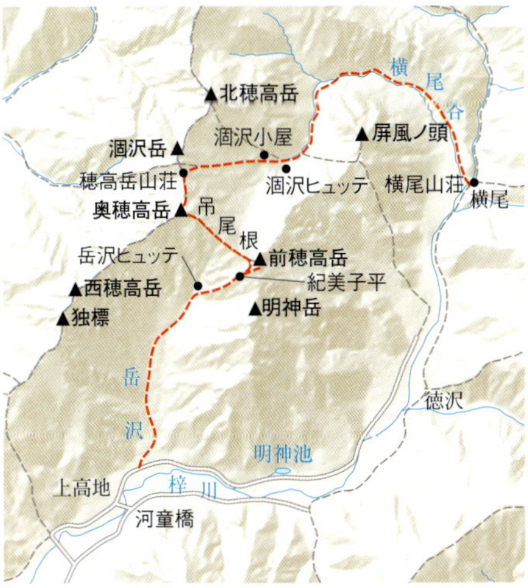

横尾分岐　上高地から明神、徳沢経由横尾までは、梓川沿いの林道を歩く。横尾で槍ヶ岳と涸沢への道に分かれる。

屏風岩　横尾大橋を渡り、横尾谷をさかのぼる。左手に屏風岩を見て、流れに沿いながら、道は左へと回り込む。

涸沢への道　横尾本谷橋で川を渡ってから本格的な登りとなる。道は整備されており、急ではあるが登りやすい。

涸沢分岐　涸沢モレーンの下で道は二手に分かれ、左は涸沢ヒュッテ経由、右はキャンプ場経由で、ザイテングラートの下でまた合流する。

涸沢テント村　5月のゴールデンウイークと夏の最盛期には大テント村が出現、カラフルなテントが300張りにも達する。

涸沢カール　日本最大のカールで、その巨大さと自然の造形美には驚嘆させられる。

涸沢ヒュッテ　カールの底、モレーン丘にあるヒュッテは、3000m級の稜線に囲まれている。

パノラマコース　涸沢カールの底からザイテングラートに取りつくまでのコース。お花畑を横切るとき、可憐な花と鋭い涸沢槍との対比が美しい。

ザイテングラート　ドイツ語で支尾根のこと。涸沢から白出のコルへのルートで、簡単な岩登りとなる。

穂高岳山荘　白出のコル（2983m）にあり、東西が開けているため日の出、日の入りが小屋から眺めることができる。太陽電池、風力発電など環境に配慮している。

ニッコウキスゲ　大小の岩塊でできた崖錐にも、植物はたくましく根づく。

山頂への道　白出のコルより、はしごや鎖がかけられた岩場を登ると、あとはゆるやかな岩尾根となる。夏の最盛期には登山者の列が続く。

前穂高岳と明神岳　どちらも古くは、ただ穂高岳と呼ばれていた。近代登山の時代になってから区別されるようになった。

紀美子平　前穂高岳山頂直下の広場で、吊尾根最低鞍部からトラバースして達する。前穂高岳山頂への分岐点で、山頂へはここより往復する。

重太郎新道　奥穂高岳から吊尾根経由岳沢まで、今田重太郎によって開かれた。高度差は約900mあり、急な下りが続く。

コースガイド

新穂高ロープウェイで西穂高岳

新穂高ロープウェイ▶独標《どっぴょう》▶西穂高岳▶上高地

西穂高口から1時間半で森林限界にある西穂山荘へ、さらに独標までは広い尾根道を1時間で登ることができる。独標に立つと眼下に梓川が曲流し、正面に乗鞍岳、噴煙を上げる焼岳、東に霞沢岳、西に笠ヶ岳を見ることができる。北側は西穂高岳から前穂高岳にかけてのパノラマを満喫できる。このコースは、西穂山荘まで戻り、上高地に下る。

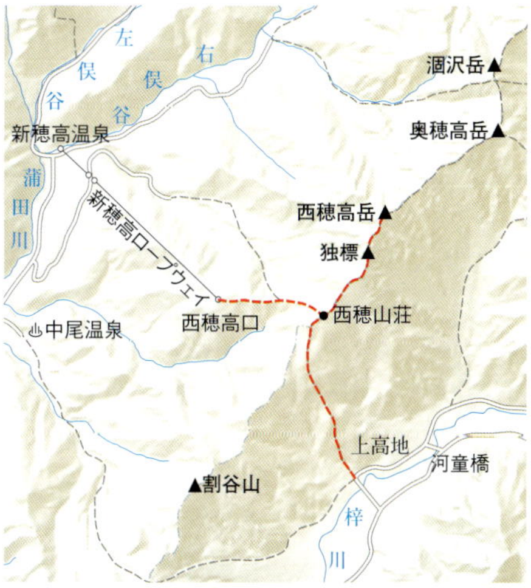

新穂高ロープウェイ　新穂高温泉駅（標高1038m）からロープウェイを乗り継ぎ、2156mの西穂高口まで上がる。観光客を後に稜線に向かう。

独標　ロープウェイ終点より樹林帯を抜け、西穂山荘から花崗岩とハイマツの中を登る。右手にお花畑を見ながら、もうひと登りすると独標である。

西穂高岳遠望　西穂山荘付近、稜線のハイマツ帯に出ると、樹林帯のため見えなかった山頂が一望できる。

西穂高岳山頂　ロープウェイ終点から独標経由で4時間半。ロープウェイのおかげで、標高2909mの山頂まで比較的楽に登れる人気コースとなった。

焼岳と乗鞍岳　山頂から登ってきた道を振り返ると、独標、ピラミッドピーク、西穂高岳の縦走路が、焼岳と乗鞍岳の手前に見える。

コースガイド

槍ヶ岳から北穂高岳、涸沢

槍沢▶槍ヶ岳▶大喰《おおばみ》岳▶中岳▶南岳▶北穂高岳▶涸沢

槍ヶ岳から穂高連峰への縦走は、槍ヶ岳と北穂高岳を合わせて3000メートル峰が5座ある、雲表の岩稜歩きである。北アルプスを代表するコースのなかでも、一、二を争う難コースだが、その核心部は大キレットである。なかでも最大の難所は飛騨泣きで、岩場は登りより下りのほうが難しい。

槍沢グリーンバンドと槍ヶ岳　上高地から梓川をさかのぼって5〜6時間、ようやく槍沢の奥に槍ヶ岳が姿を見せる。

槍沢夏道　槍ヶ岳、穂高連峰の縦走路が難コースのため、多くの登山者は槍沢コースを利用する。

槍ヶ岳山頂　御来光を待つ登山者たち。

穂高連峰遠望　槍ヶ岳を背にして目指す穂高へ向かう。コースはすべて3000m峰である。

南岳キャンプ場　標高3000mのキャンプ場は、このほかに北穂高岳キャンプ場がある。

大キレット　大キレットの最低鞍部から北穂高岳へ向かう。最大の難所「飛騨泣き」へは数百m。

大キレット、北穂高岳の登り　いよいよ大詰め、飛騨泣きにさしかかる。

北穂高小屋　さほど広くない北峰の北側に、登攀の喜び、遭難の悲しみの記憶をとどめる北穂高小屋が立つ。

南稜鎖場　北穂高岳から涸沢へ向かう。北穂高岳の南稜は一般登山道だが、傾斜がきつく、鎖場となる。

槍ヶ岳　日本有数の難コースを、北穂高小屋テラスより振り返る。大キレット、南岳、中岳、大喰岳の先に槍ヶ岳を望む。

コースガイド

燕岳から槍ヶ岳（表銀座）

中房温泉▶燕《つばくろ》岳▶大天井《おてんしょう》岳▶槍ヶ岳▶槍沢

表銀座は、北アルプスで最も人気のあるコースの一つである。中房温泉より、北アルプス三急登の一つ、合戦尾根を登る。燕山《えんざん》荘から大天井岳・西岳までは平坦な尾根歩きで、絶えず槍ヶ岳を眺めながらの展望コース。白い花崗岩の明るい稜線は、雲表のプロムナード。西岳からはやせた岩稜歩きとなるが、道はよく整備され、天候に恵まれれば、高度感のある楽しい山歩きが期待できる。

登山口　中房温泉入り口に、“燕岳登山口　標高1462 m”の標識が立っている。

第一ベンチ　古くからの登山道のため、休憩場所が整備されており、水場もある。

燕山荘　登山口から5〜6時間、ほとんどの登山者が利用する小屋。第二次世界大戦の前から、この地方で小学校の遠足、燕岳登山に使われた歴史のある小屋である。

燕岳　山頂は表銀座縦走路とは反対方向にある。往復1時間ほどなので、さまざまな形の花崗岩の岩塔群がつくる景観を楽しみたい。

眼鏡岩　燕岳山頂付近の花崗岩は風化を受け、独特、多様な岩塔群、オベリスクをつくる。

コマクサ　山頂と北燕岳の鞍部はお花畑で、コマクサの群落が見られる。

大天井岳と表銀座縦走路　森林限界を超えていて、眺望がよい。整備も行き届き、人気の主要登山道。

ヒュッテ西岳　表銀座縦走路の中間地点。槍ヶ岳、常念岳の眺望にすぐれ、画家やカメラマンがよく立ち寄る。

東鎌尾根　ひたすら槍ヶ岳を目指す。背後の西岳から2時間の地点。

東鎌尾根はしご場　鎌尾根らしく、やせて険しくなる。

東鎌尾根と槍ヶ岳　長い縦走も終わりに近づく。槍ヶ岳が目の前にそそり立つ。

コースガイド

大天井岳から蝶ヶ岳

大天井岳▶横通岳《よこどおし》▶常念岳▶蝶ヶ岳▶上高地

常念山脈は、槍・穂高連峰の展望コースである。百名山の一つ、常念岳（2857メートル）を中心にした縦走で、広くゆったりした尾根歩きとなる。入下山路が多数あるため日程に合わせてコースを決められること、安曇野からすぐに登山道となるためアプローチに恵まれていること、危険度が低いことなど、北アルプス縦走入門コースとして、人気が高い。コマクサなどの高山植物も楽しめる。

横通岳と常念岳　大天井岳で表銀座縦走路と別れ、南東への縦走路を取る。東大天井岳の鞍部を越すと、ハイマツ帯の中の縦走路となる。横通岳は名前のとおり、斜面を横切る。

常念岳　横通岳からは、常念小屋のある常念乗越への下りとなる。乗越からは一ノ沢経由の登山道が通じている。上高地へのバス道路ができるまで、槍ヶ岳登山に利用された。左に見える小屋は常念小屋。

常念岳山頂　常念山脈は安曇野に面してそびえている。主峰は標高2857mと大天井岳（2922m）よりやや低いが、端正なピラミッド型はこの地方のシンボルとなっており、交通の便もよく、人気が高い。

蝶ヶ岳ヒュッテ　ヒュッテ南方の蝶ヶ岳最高点は2677m。稜線あたりは針葉樹林帯であってもよい高度だがハイマツが優占し、そのため展望がよい。登山路は安曇野の三俣、上高地側の徳沢、横尾からの3本がある。

蝶槍への道　常念岳から急な斜面を下ると、針葉樹の林となる。樹林の中の雪がたまる斜面には、ニッコウキスゲなどのお花畑があり、正面に蝶槍が見える。

column

北アルプスの楽しみ方

Motoo Iwasaki 岩崎 元郎

いつだったか埼玉県大宮に用事があって出かけた。帰り道、埼京線の電車が荒川に架かる鉄橋を渡っているとき、西の空にくっきり浮かび上がる富士山を目にして、無性にうれしくなってしまった。日本人であることの証明ではあるまいか。

目の前に北アルプスが連なっている。そこに槍ヶ岳を確認して歓声を上げるのは、登山者の証明といってよい。日本の屋根。3000メートル級の高峰が屏風のように連なっている。峰々が白銀に輝いていたらさらに感動的、と思うのは山好きの勝手というもの。

その峻厳《しゅんげん》さゆえに、北アルプスは自分とは無縁の世界ときめつけている方がいらっしゃる。残念なことだ。もったいないことだ、とぼくは思ってしまう。

南北には木曾御嶽から日本海の親不知まで、東西には大糸線と高山線の間、大ざっぱではあるが、これだけの広がりを有する北アルプスだから、さまざまな楽しみ方が考えられる。

眺める楽しみ、歩く楽しみ

第一に挙げたいのは、眺める楽しみだ。山だからって登らなかったら楽しめないなんてことはない。富士山とか利尻山とか開聞岳《かいもんだけ》のように鑑賞に耐える山は少なくないが、鑑賞に耐える山脈としては北アルプスがナンバーワンであろう。

まぶたに浮かぶのは、上高地。新島々からのバスが釜トンネルを抜け、尾根のでっぱりをまわり込むと眼前に穂高連峰が車窓いっぱいに広がる。車内に歓声が上がる一瞬だ。

大糸線から眺める後立山連峰も魅力的だ。能登半島から富山湾の上に浮かぶ剣・立山連峰がすばらしいと聞かされている。写真で見せて頂いたが、アルプスやヒマラヤに負けていない景観で、わが目にも一度味わわせてやりたいと心に期している。

第二に挙げたいのは、そこに居るだけでも楽しめるということ。前述の上高地や黒部アルペンルートが通う立山の室堂などの魅力はよく知られているところだ。

ここでは遠見尾根《とうみおね》上の地蔵ノ頭《じぞうのあたま》を紹介しよう。さわやかな風が吹き抜ける地蔵ノ頭へは、テレキャビンと夏山リフトが身体を運び上げてくれる。大自然の中、なにもしないでぼーっとしていることの幸福がどんなものか、だまされたと思って体験してみて欲しい。本格的な登山は無理だけど、多少歩くのは問題ないし、歩いてもみたいという方なら、楽しみ方の幅はぐーんと広がる。本場アルプス同様のハイキングを味わえますよ、と申し上げたい。

ハイキングとは頂上を目指さない歩く運動のこと。わが国では、本当にハイキングを楽しめる場所は少ない。代表的かつ貴重なハイキングゾーンがいくつも登場する上高地。ハイキングコースのスタンダードというべきなのが、上高地から明神を経て徳沢に至る道である。

グレードが1ランク上がるが、明神から徳本《とくごう》峠《とうげ》往復も、ベストテンに入るハイキングコースといえる。

白馬岳のエリアでは、栂池《つがいけ》自然園の散策や天狗原《てんぐっぱら》往復。それを探すのも楽しみのうち、ということにしておこう。

どう登るか――アイデア次第

さて、登山。北アルプスは登山者にとって最高のプレイグラウンドだ。どの山にどんな風に登るかは、ひとりひとりのアイデア次第。ぼくはといえば、地図に朱線を入れることが楽しいので、日本海の親不知から木曾御嶽までの山稜を歩いてみようと考えた。

とはいうものの、暇があるわけではないから、区間を切ってのリレー縦走式とした。親不知から御嶽へ向かって歩くこと、それもルールとして思い立ったときに歩く。時間をかけて、ポツポツと朱線を延ばしてきた。

あるとき、親不知から栂池新道をたどり、朝日岳、雪倉岳《ゆきくらだけ》から白馬岳《しろうまだけ》へと縦走、唐松岳まで朱線を延ばして八方尾根を下った。20数年前のことだが、長栂山《ながつがやま》北斜面の高山植物の美しさは忘れられない。

別のとき、唐松岳から五竜岳を歩き、また、別なとき、五竜岳から鹿島槍ヶ岳を歩いて赤岩尾根を下った。

ぼくはいま、「北アルプス総図」をそばに広げてこの文章を書いているが、同じ地図を広げてこれを読んで頂けると、地図で読む北アルプスの楽しさも味わって頂けるだろう。

赤岩尾根を登り返し、爺岳、岩小屋沢岳を越えて針ノ木峠までは一人で歩いた。針ノ木大雪渓を登り、蓮華岳、船窪岳《ふなくぼだけ》から裏銀座コースを槍ヶ岳まで歩いたときも一人だった。蓮華岳はカンカン照りで歩くのが嫌になってしまい、可憐に咲くコマクサの先のハイマツに陰を求めて昼寝したことは、なつかしい思い出だ。

北鎌尾根から槍ヶ岳に立った5月は、北穂高岳まで縦走した。20代半ば、バリバリだったから大キレット越えも軽々だった。北穂高岳への登り返しは、『氷壁』の主人公、魚津恭太を真似て滝谷を出合から遡った。雄滝、滑滝《なめだき》を越え、魚津はD沢に入って落石で遭難、小説は終わるのだが、我々は第2尾根を登って北穂高岳に立つ。ここでパートナーと別れて一人、奥穂高岳、西穂高岳を越えて中尾峠まで歩いた。

中尾峠から焼岳に立ち安房峠《あぼうとうげ》までは5月、残雪を利用して歩いた。安房峠から十石山《じゅっこくやま》を経て乗鞍岳に立ち、野麦峠まで縦走したのはその翌年の5月、残雪のおかげで歩くことができた。

そばに広げている15万分の1「北アルプス総図」の上から下まで歩いたことになる。なんて自慢話をするのは、実に楽しい。残る課題は野麦峠から御嶽までだ。目的的に行動するとか、シャカリキに立ち向かうということが得意でないので、課題が完成するのはいつのことか予想はつかない。ここまでだって、30年を費やしている。

眺める、座っている、歩く、登る、まで説明して紙数が尽きた。攀《よ》じる(ロッククライミング)、滑る(スキー)、温泉、食べる、写真、スケッチ、北アルプスの楽しみ方はもっといろいろ、楽しもうと考える人の数だけある。

コースガイド

烏帽子岳から双六岳、槍ヶ岳(裏銀座)

烏帽子《えぼし》岳▶野口五郎岳▶水晶岳▶鷲羽《わしば》岳▶三俣蓮華岳▶双六《すごろく》岳▶槍ヶ岳

高瀬川右岸側の表銀座コースに対し、左岸側を槍ヶ岳に向かう裏銀座コース。まず、北アルプス三急登の一つブナ立《たて》尾根から始点の烏帽子岳に登る。コースは野口五郎岳、水晶岳、鷲羽岳、三俣蓮華岳とたどり、西鎌尾根より槍ヶ岳へ向かう。山が深いこともあり、中級者向きである。花崗岩の山肌は明るく、コマクサの群落が所々に見られる。東沢乗越と西鎌尾根の一部はもろくやせた岩稜だが、ほとんどはゆったりした尾根で、槍ヶ岳を眺めながらの縦走となる。

東沢乗越　烏帽子岳から三ツ岳、野口五郎岳と明るい花崗岩の尾根をたどると東沢乗越に至る。やせた岩稜は崩落しやすい。

烏帽子岳　裏銀座コースは、ブナ立尾根の急登から始まる。燕岳と同じ花崗岩峰の烏帽子岳は、烏帽子小屋から北、往復2時間弱のところにある。

水晶岳　縦走路から外れている水晶岳への道は、水晶小屋のある赤岳から分岐する。別名黒岳(標高2986m)。山頂から剣・立山連峰、槍・穂高連峰が遠望できる。

三俣蓮華岳山頂付近　三俣蓮華岳の東斜面には大きな雪田が残り、お花畑が広がるなかを縦走路が通る。正面に槍ヶ岳を望む。

三俣蓮華岳と双六岳　鷲羽岳から見下ろすと三俣山荘の赤い屋根が緑のハイマツの間に映える。広い尾根の先はゆったりとした三俣蓮華岳と双六岳。

双六岳山頂　双六岳山頂は広い台地である。槍・穂高連峰の厳しい稜線との対比が際立つ。

双六岳と双六小屋　荒涼とした山頂付近とは対照的に、東側は緑のハイマツの斜面となり、鞍部に双六小屋がある。

西鎌尾根と槍ヶ岳　双六小屋から東の急斜面を登ると樅沢岳。山頂からは西鎌尾根の縦走路も見え、槍・穂高連峰の眺めがよい。

西鎌尾根　硫黄乗越を過ぎたあたりから鎌尾根は険しさを増し、急登が始まる。

千丈沢乗越　右から突き上げてくる中崎尾根の先で飛騨沢からの道が合流する。左は千丈沢のU字谷。

コースガイド

立山から別山

室堂▶一ノ越▶立山▶別山《べっさん》▶雷鳥沢

立山は信仰の山である。麓の立山町に雄山神社があり、立山頂上雄山（3003メートル）にその本殿があって、峰本社とも呼ばれている。標高2400メートルの室堂までバスが通じ、最高峰の大汝山《おおなんじ》（3015メートル）と約600メートルの高度差しかない。乗鞍岳の剣ヶ峰とともに、3000メートル級の山頂に初心者でも容易に立てる山である。立山3峰の残り、富士ノ折立《おりたて》（2999メートル）から別山まで足を延ばして剣岳の岩峰を眺め、雷鳥沢を下って室堂へと戻る周回コースは、格好の一日コース。

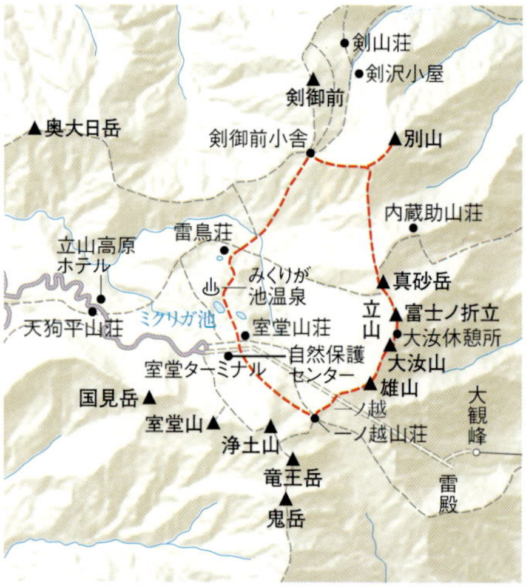

室堂から一ノ越へ　多雪地帯だが、雪が消えた道は一ノ越まで舗装されている。

一ノ越山荘　黒部湖からの道と、五色ヶ原からの縦走路との合流点にあり、雄山までは約30分の登りである。

雄山　雄山は信仰の山として古くから登られていた。山頂には雄山神社があり、登拝の証として御札が売られている。遠方に槍・穂高連峰を望む。

室堂平　大汝山から室堂を見下ろすと、山崎カールのモレーン丘、ミクリガ池や血の池などの火口湖が見える。

剣岳　富士ノ折立より急な下りとなる。正面に内蔵助カール、別山カールがあり、その後方に剣岳がそびえる。

別山乗越　別山乗越から縦走路を振り返ると、左手より富士ノ折立、大汝山、雄山の立山3峰の威容が迫る。

column

ザラ峠・針ノ木峠越え

Ryuichi Shimamoto 嶋本 隆一

越中(富山県)から信州(長野県)へ、中世から近世、そして近代へと多くの歴史を刻んだルートとして「多枝原《だしわら》(立山温泉)－ザラ峠－黒部川－針ノ木峠－野口－大町」がある。

佐々成政《さっさなりまさ》の「ザラ峠越え」

このルートについては、安土桃山期の武将佐々成政による厳冬期の「ザラ峠越え」が知られている。登山史上からも特筆される事件であるが、この背景を述べてみる。

当時越中を支配していた成政は、織田信長死後の覇権を争って豊臣秀吉に対立する徳川家康・織田信雄方に味方した。天正12(1584)年9月「能登末森城《すえもりじょう》攻め」で秀吉方の前田利家との戦いに敗れ、また張本人の秀吉と家康とが和睦したことで、越中に孤立し窮地に陥った。この情勢を挽回するため、敵方の領域を避けて家来とともに、冬の北アルプスを越え、同年浜松城(静岡県)の家康を訪れ挙兵を懇願したというもの。結果は失敗に終わったが、この事件は快挙として受けとめられ、後世の多くの書物に、ルートなどの内容の違いはあるものの、記され、語られ、演じられもした。「鍬崎山埋蔵金」等の伝説も付け加わって、歴史ロマンを感じさせる。ザラ峠は急勾配で2348メートルの標高、そして何よりも風化した岩石がザラザラ落ちて足元を不安定にするため、一番の難所である。積雪の多い冬の登山は不可能であり、「ザラ峠越え」は後世の創作とも考えられているが、一定の積雪があるほうが歩きやすいということもあり、積雪状態によって、冬のザラ峠を越えることは、不可能でないとする見方もある。ルートに関しては定説をもたないが、成政が浜松城で家康と対面したことは、当時の史料から判明している。

「奥山廻役」によるルート開発

江戸時代となって、幕藩制度が確立し領地も確定すると、加賀藩領であった越中の国境を定期的に警備することが制度化された。17世紀半ば、「奥山廻役」という役職ができ、有力農民が任命され幕末まで世襲された。「奥山廻役」は、後立山(鹿島槍ヶ岳)を境界に上奥山・下奥山に分けられ、それぞれ隔年ごとに巡回した。多くのルートが史料からわかるが、その行程の一つを『黒部奥山廻記録』宝永7(1710)年「平三郎の日記」からあげてみよう。

7月18日　東岩瀬泊まり
7月19日　千垣村
7月20日　平岩
7月21日　室堂
7月22日　御前谷
7月23日　中ノ谷
7月24日　ぬくい谷
「針ノ木谷等を偵察」
7月25日　中ノ谷
7月26日　湯に泊り(立山温泉)
「ザラ峠を越え、刈込池」
7月27日　村杉
7月28日　薬師岳
7月29日　有峰村
7月30日　千垣村

現代の登山家でも首を傾げるほどの、難度の高い行程もあって、当時の山に熟達した人々の体力に驚くとともに、登山道、登山技術についても謎が多いという。

日本初の山岳有料道路

明治時代になると、「(越中)原村－粟巣野－多枝原(立山温泉)－チクサ峠(ザラ峠)－平《たいらの》ノ小屋《こや》・黒部川－針ノ木峠－野口－大町(信州)」が整備され、全長56.8キロ、日本アルプスを横断する「立山新道(針ノ木新道)」として、短期間ではあるが日本最初の山岳有料道路として運営された。

新道建設の動きは、すでに江戸末期に信州側から、慢性的に不足していた塩の交易ルートとして計画されたが、実現しなかった。新道の建設が開始されたのは、1877(明治10)年で、信州・越中それぞれの「開通社」という会社が計画し、建設費用を負担した。道幅は二間(3.6メートル)、架橋(黒部川・真川・湯川など)、宿泊所・休憩所の設置など、莫大な費用をかけて整備が行われた。開通したのは、1880(明治13)年夏であったが、1882年3月には採算がとれなかったため2シーズンで放棄され、のちに登山道として利用された。

なお、1878(明治11)年には、英国公使館書記官アーネスト・サトウ、1893(明治22)年イギリス人宣教師ウェストンらの外国人も信州からこのルートを利用し、日記にその状況を詳細に記している。

「越中国立山並ニ新道温泉等之図」　明治期に刷られた絵図　立山新道、立山参詣道、立山温泉などが描かれている。
立山カルデラ砂防博物館蔵

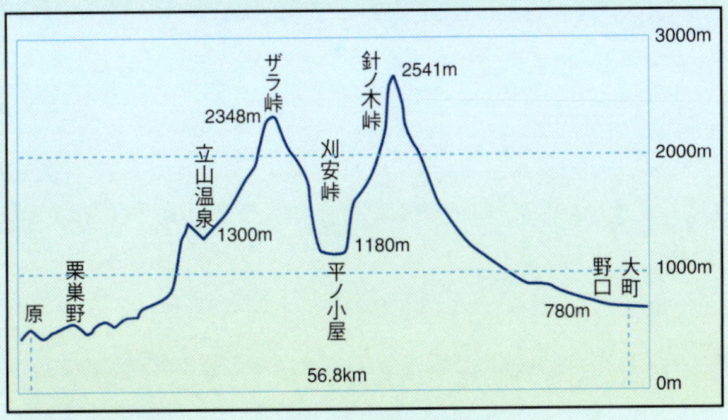

立山新道の標高と距離　立山カルデラ砂防博物館提供

コースガイド

剣岳から池ノ平、仙人池

剣御前▶剣岳▶剣沢▶池ノ平▶仙人池▶阿曽原

「岩と雪の殿堂」と呼ばれる剣岳の核心部を歩くコース。別山尾根からの剣岳は、北アルプスの一般登山道で最も困難なルートである。長く厳しい岩稜歩きは初歩の岩登り技術が必要で、剣沢雪渓は長いためしっかりした靴を使いたい。仙人池や池ノ平から見る裏剣は日本離れした景観で、特にカメラマンに人気が高い。仙人湯は下山後の楽しみになっている。

剣御前小舎　室堂より雷鳥尾根を登ると、別山乗越の剣御前小舎に着く。別山の肩にあるこの小屋からは、剣岳が正面に見える。

別山尾根の鎖場　コースはますますきつくなる。鎖場の先にカニノヨコバイ、カニノタテバイなどの難所が続く。

剣山頂への登り　山頂付近から登路を振り返ると、別山尾根のやせた岩稜が続き、室堂平もそのさきに見える。

別山尾根と剣岳　別山尾根は一度大きく高度を下げ、再び高度を上げる。剣岳の後ろに毛勝三山が見える。

剣岳山頂　山頂の展望は360度で、登頂までの苦労が報われる。仏教に関わる開山以前にも、修験者によって登られていたようだ。

剣山荘　別山尾根から剣沢に入ると、剣山荘、剣沢小屋のほかキャンプ場などが点在する。

剣沢　秋になっても消えない雪渓が続く。同じ山域の内蔵助カールには、1700年前の氷が見られる。

二股　剣沢本流である南股と、三ノ窓、小窓雪渓の北股の合流点が二股である。南股の左岸から吊り橋を渡り北股の左岸へ。

真砂沢ロッジ　剣沢の谷氷河がつくったモレーン（氷堆石）上に建てられた小屋。仙人池方面とハシゴ谷乗越への分岐である。

ヒカリゴケ　仙人湯の近くに大きな岩小屋がある。古い石仏が安置され、ヒカリゴケが生育している。

裏剣　仙人池から見る八ッ峰、剣岳、三ノ窓は、上高地からの穂高と並んでつとに名高い景観である。

阿曽原小屋　黒部渓谷下ノ廊下にある温泉で、雪崩や積雪に対処するためプレハブ造りで、冬季には解体される。

コースガイド

薬師岳から双六岳、笠ヶ岳

折立《おりたて》▶太郎兵衛平《たろべえだいら》▶薬師岳(往復)▶北ノ俣岳▶黒部五郎岳▶三俣蓮華岳▶双六岳▶笠ヶ岳

このコースは、深田久弥の百名山にも入っている薬師岳、黒部五郎岳、笠ヶ岳を歩く。薬師岳は北アルプスきっての巨峰である。黒部五郎岳は典型的なカール地形の中を歩く。危険が少なく、お花畑を眺めながらのこの展望コースは、黒部源流部にもあたり、ダイヤモンドコースとも呼ばれる。

折立　薬師岳の登山口、折立へは、立山線の有峰口からバスまたはタクシーで向かう。キャンプ場の完備した広い台地で、コースは太郎坂の急坂から始まる。

太郎平小屋と薬師岳　太郎兵衛平は、主稜線の広い台地。太郎平小屋は、折立からの登山道が縦走路と合流する地点にある。

薬師岳山頂付近　太郎平小屋から薬師峠に下り、再び登り返す。薬師平、薬師山荘を過ぎると、広いガラ場の尾根となる。

薬師岳山頂　2926mの山頂には祠があり、如来像などが収められている。山頂の北東側が金作谷カール、南東側が中央カールである。

北ノ俣岳のハクサンイチゲ　太郎山から北ノ俣岳にかけては、尾根というより高原といったほうが適切な広大な台地で、お花畑が広がる。

黒部五郎岳　この黒部源流部の山々を結ぶダイヤモンドコースは、北アルプスで最も起伏の少ない縦走路である。

黒部五郎カール　ハイマツに覆われた西面に対して、東面は大カールで、白い花崗岩に氷河の痕跡が残る。カール底にはミヤマキンポウゲが咲く。

三俣蓮華岳山頂　黒部五郎小舎を経てオオシラビソの中を急登するとハイマツ帯に出る。左に黒部源流を見ながら山頂を目指す。

双六岳山頂　三俣蓮華岳から双六小屋へは2コースがある。左は山頂を巻くお花畑の道、右はパノラマを楽しみながらの稜線歩きである。

双六小屋　ここで槍ヶ岳への縦走路と別れ、弓折岳に向かう。

抜戸岳からの笠ヶ岳　大ノマ乗越より、お花畑のある秩父平を登ると、抜戸岳の稜線に出る。正面の笠ヶ岳の右肩に小笠のピークが見え、その鞍部に笠ヶ岳山荘が立つ。

北アルプスと文学

近藤 信行 *Nobuyuki Kondou*

戦争がおわって、仲間たちと山登りをはじめたとき、日本はなんとすばらしい国かとおもった。はじめは富士山、関東地方の山、そして北アルプスへはいったのだが、山の美しさ、自然の豊かさ、地形のおもしろさに眼をみはったのであった。

そのころ、東京はまだ焼跡だらけである。地方都市とておなじだった。戦争末期、勤労動員で工場にかよっていた私は、あの悪夢から解きはなたれたように山へのめりこんでいったが、そんなとき、2冊の本を買った。ひとつは堀口大学の詩集『山巓《さんてん》の気』(1946〔昭和21〕年)、もうひとつは大島亮吉の『山―紀行と随想』であった。大学のそれは本といえるようなものではない。印刷物をただ折りたたんだだけのパンフレットだった。そのなかに第一書房、長谷川巳之吉に与えたという詩があった。

ここにして
友よ
見よ
見て　思へ
山は地の
天上めざす
あこがれよ

十八年夏、河口湖畔にてとあるから、大学先生の疎開中の作であろう。富士の高嶺に托して一代の出版人、巳之吉の志にふれたものと読めたが、北アルプスを歩いていて美しい山容をみると、かならずといっていいほどに「山は地の……」の一節が口をついて出るのであった。田部《たなべ》重治《じゅうじ》、冠《かんむり》松次郎《まつじろう》の著作が、第一書房から多く出版されているのを知ったのは、そのあとのことである。

大島亮吉の本も当時の出版事情をあらわにしたものだった。ところどころ紙質のちがいがあって、けっして出来のいい本ではないが、いまとなってはかえって捨てがたいおもいをおこさせる。私はそこで「涸沢の岩小屋のある夜のこと」を読み、「山への想片」「峠」を読んだ。序文、跋文を槇有恒《まきゆうこう》、松方三郎が書いている。1928(昭和 3)年3月、前穂高の北尾根で墜死したことを知ったが、その登山記、随想、詩的断章のかずかずからは、若い大島亮吉が山登りをとおして人生をいかに考えていたかを教えられた。ママリーやクーリッジらの文章を読みこんでいた彼は、自分の登山体験から自然と人間におもいをはせる。また立山での板倉勝宣の死を想い、山における死を「自分の満足して受けいれられるべき運命のみちびき」などと書くところは、ずしんとこころのうちにひびくものがあった。のちにこの本の元版(1930〔昭和5〕年、岩波書店)を手に入れたが、"戦後"のかけだしの登山者は、登山をとおして、山にまつわるすぐれた文章のあることを知りはじめたのであった。

立山の歴史は古い。「立山《たちやま》に降り置ける雪を常夏に見れども飽かず神《かむ》からならし」(大伴家持)とうたわれた立山は、修験者の山として知られてきた。『本朝法華験記』『今昔物語』の立山地獄にかんする説話とか、世阿弥の『善知《うと》鳥《う》』にみられる地獄谷の噴煙は、古代中世の終末観にむすびついている。しかし、この山の信仰形態が拡大されるにしたがって集団による登山がおこなわれ、霊場として全国に知られるようになった。山麓の芦峅寺の仲語衆《ちゅうごしゅう》は、近代になって山案内人として活躍することになるが、そこからはあたらしい山と人間のドラマが生まれている。

梓川、蒲田川とその周辺の山々にもおなじことがいえる。江戸中期以来の古記録や地誌に山名や地名が登場、江戸末期には、越中生まれの播隆《ばんりゅう》が笠ヶ岳、槍ヶ岳に記録をのこしている。そのほか戦略上の巡視とか狩猟などを考えると、飛騨山脈にはそのおりおりに人間の足跡がきざまれている。しかし、その大自然の生きたかたちに文学としての表現があたえられたのは、近代にはいってからである。測量登山がおこなわれていたころ、登山者は未知未開の山々をめざして登って行った。そこから登山のありさまと、叙景、叙情が生まれている。

たとえば、小島烏水の「鎗ヶ嶽探険記」にはつぎの一節がある。

「深林を突破して又川となる、山頂の雪は日に溶けて、魔女の紡げる白髪の如く、取次に乱流して歩々量を増し、石を盪《うご》かして風雨の声をなす、しかも大石犖确《らくかく》として上下に突兀《とっこつ》し、砲を抛《なげう》ち艦を倒《さか》しまにして水を逆《さから》ふるを以て、前の川の如く足を濡らすに及ばず、(中略)時に大霧海の如くして音なく大荒を瀰《みなぎ》り、鎗ヶ嶽の最高点なる奇瘦《きそう》の尖峰は、霧を呵《か》し雲に駕《が》して半天を渡る。その頂上なる三角測量標の尖端は、難破船の檣《ほばしら》の如く聳えて、見る見る無慙《むざん》の大波に没し、乱山荒水は路と共に回転して、霧の裂け目の上下に継ぎ合されては又裂くるところより、山容水声をうちあげ、うち下され、山より谷底を目がけて驀地《まっしぐら》に駈け下りる霧は雨の如く、谷は之を容れじと逆しまに追ひ戻すや、霧又騰《あが》りて枚《ばい》を啣《ふく》める白馬の如く、疾駆して前後皆一白。」

これは槍沢を登って、槍の穂先を見上げたときの描写である。1902(明治35)年夏のことであった。幼時から漢文脈のなかで育った彼は、この文体で登山記を書いている。当時、彼は美文も口語文もつかいわけていたのだが、あえてこの文体で通したのは、自分の正規としての紀行をものするという意図があったにちがいない。烏水の信州・飛驒の旅と登山は1899(明治32)年からはじまっているが、この

中村清太郎作扉絵「**谷より峰へ峰より谷へ**」
(小島烏水『日本アルプス』第三巻より)

「鎗ヶ嶽探険記」のあとはほとんど口語文となった。鑓ヶ岳にあたえた表現は、いわば明治の過渡期のなかの産物であったといえるかもしれない。

彼はそれ以後、『雲表』『山水美論』をまとめ、1910（明治43）年から15（大正4）年にかけては『日本アルプス』全4巻を刊行した。そこには紀行として常念山脈の縦走、上高地の記、槍ヶ岳から薬師岳への「日本アルプス縦断記」、穂高・槍縦走、明神岳登攀の「谷より峰へ峰より谷へ」、双六谷溯行から笠ヶ岳登山の「飛騨双六谷」などがあるが、それにあわせて「日本北アルプス風景論」「日本アルプスと万年雪」「日本アルプスと氷河問題」「日本アルプス探検地理」「上高地風景保護論」など多くのエッセイがおさめられた。これらの文章を読みこんでゆくと、探検時代の登山者として、見るもの聞くもの、また体で感じとったものすべてに新鮮な感動がともなっていたことがわかる。ことに山と水蒸気の関係、山地地形の観察、氷雪の造山作用など科学的視野からの論述をみると、山を総合的にとらえようとした姿勢がうかぶのである。

「劫初《ごうしょ》以来、人類の脚が、未だ触れたこともない岩石と、人間の呼吸が、まだ通つたことのない空気とに、突き入るといふことは、その原始的なところだけでも、人間の芸術的性情を、そゝのかすものではなからうか、私は急に習慣の力から脱け出して、栗鼠が大木の幹に、何の躊躇《ちゅうちょ》もなく駈けあがるやうな、身の軽さをおぼえた。」

こんな一節からは、烏水のなかからわきおこる「天上めざすあこがれ」を読みとることができる。『日本アルプス』は山にひたむきな情熱をかたむけた彼の、壮年期におけるみごとな集大成であった。

明治から大正期にかけて北アルプスにわけ入った登山者の紀行は、どれをとってもおもしろい。叙景、叙述の巧拙はあるとしても、未知なるものをもとめる探求心と、山にたいする敬虔なおもいにみちているからである。交通未発達な時代にあって、山のもつ魅力をそれぞれの視野におさめている。ウォルター・ウェストンはヴィクトリア朝時代に育った英国人として、日本の自然と民俗をこまやかに写していた。その背景にあるのは、曽遊のスイス・アルプスでの体験であった。1905（明治38）年に日本山岳会が発足してから、登山者はその機関誌「山岳」に紀行や研究を発表することになる。北アルプスには文学者も芸術家も科学者も、そしてヴァリエーション・ルートや冬期登山を試みる登山者もあらわれる。いわば百花繚乱ともいえるような時代がつづくが、志村烏嶺《うれい》、木暮理太郎、田部重治、辻村伊助、武田久吉、三枝威之助、中村清太郎、辻本満丸、窪田空穂《うつほ》、冠松次郎、槇有恒、大島亮吉、三田幸夫、松方三郎、板倉勝宣、藤木九三とあげてゆくと、北アルプスは山の文学の豊饒な花園であった。松方三郎は「明治時代に山に入った先輩のものはいうまでもないが、それから大正の初めにかけて、いわば日本の登山の黎明期に、今日のいうところの日本アルプスに入った先輩たちの書物は、五十年を経た今日でも十分に読むにたえる。（中略）古い書物を読むことは懐古趣味でもなければ、復古主義でもない。今日の山登りを、また自分自身の山登りを、しっかりした基盤の上におくために必要なことである」と書いたことがあった。本当にそのとおりである。すぐれた登山者の、すぐれた山の文章を読むことは、かけがえのない人生の糧だとおもう。

たとえば辻村伊助に「高瀬入り」という紀行がある。1910（明治43）年、白馬岳登山の帰りみちに大町から高瀬川をさかのぼり、天上沢から水俣乗越《みずまたのっこし》（東鎌尾根）をこえて梓川を下ったときの作である。少年時代、新潟の万代橋から信濃川をみつめて源流に想いをはせ、「槍ヶ岳はその水と共に、別れがたき余の恋人となった」というが、その源流行を23歳のときに果たしたのである。「彼の安曇野の高原で、ふとこの二つが出会して、同じ朝白雪から滴つて、槍ヶ岳の一角より、遠く日本海の波浪となりに行く、その運命を語り会ふ折があらう」と自分の感懐をこめて東鎌の稜線を描いている。彼はその後、上高地の森林の伐採をみて「上高地はすでに神河内ではなかつた」と嘆いたが、それは小島烏水の「上高地風景保護論」と軌を一にするものであった。

辻村の文章に詩的感性と音楽性があるとすると、みずから谷狂《たにきち》と称した冠松次郎のそれは、手がたいリアリズムである。山の文学は、写生文の流行、自然主義文学の隆盛と歩調をあわせるようにして、ひとつの領域をかたちづくってきた。しかし、根底にあるのは登山者のロマンチシズムである。人をひきつけずにはおかぬ初々しさがある。

冠の黒部というと、私はまっさきに一枚の写真をおもいおこす。それは田中薫の撮影になる「峡底に集まる人々」である。十字峡の激流につきでた岩の上で、冠松次郎、別宮貞俊、石井鶴三、岩永信雄の4人が上部へ眼をむけている。黒部本流をはさんで劔沢と棒小屋沢が真正面から出あうところ、奔湍《ほんたん》の轟音と恍惚とした登山者の沈黙が画面に刻みこまれている。冠はその壮美に喜びの声をあげたと書いている。

彼は1911（明治44）年、白馬岳から祖母谷を下ってはじめて黒部の豪壮にとりつかれたという。それ以後の20年間、主として北アルプス北部の探索と解明に力をつくしてきた。昭和にはいって『黒部谿谷』『立山群峯』『劔岳』『後立山連峰』『白馬連峰と高瀬渓谷』『峯《みね》・瀞《とろ》・ビンガ』などをつぎつぎに出版した。その精力的な仕事にたいし、登山に縁のなかった室生犀星でさえも驚嘆したとみえ、「黒部の黒ビンガの峡《けふ》谿《こく》／ノツソリと立つ谷間の英雄」とうたっている。

山は自然界の大いなるもの。人間はそこから恩恵をうけてきた。ことに北アルプスは登山者にさまざまなものをよびさましてきた。そこに生まれた山の文学には、感動と発見のドラマがある。

田中薫「峡底に集まる人々」
（昭和2年8月。左から別宮貞俊、岩永信雄、冠松次郎、石井鶴三）

観光

上高地

長野県西部、北アルプス南部の景勝地。古くは上河内、神河内などと記された。何度か繰り返された焼岳の噴出物でできた、堰止《せきとめ》湖《こ》の湖底堆積物などによって形成された盆地。現在の大正池は大正年間に形成された。標高1500メートルで、穂高連峰、焼岳、六百山、霞沢岳に囲まれている。江戸時代末までは松本藩御用林で、200人近くのきこりが居住していた。イギリス人宣教師W．ウェストンが、1896（明治29）年、『日本アルプスの登山と探検』を刊行して広く紹介し、多数の登山者が訪れるようになった。

梓川と穂高　槍ヶ岳や穂高連峰の雪解け水を集めて流れる梓川は、底石がはっきり見えるほど澄んでいる。その流れと穂高の壮観は、初めて見る者を驚かせる。

明神池　明神岳から流れ出る宮川谷が水源で、一の池と二の池がヒョウタンのようにつながっている。池には浮島があり、新緑と紅葉が美しい。

大正池　1915（大正4）年焼岳の噴火により、梓川がせき止められてできた。風のない水面に映る穂高は幻想的である。

河童橋　上高地のシンボル的な存在。現在の橋は5代目。橋の上から、梓川の上流に穂高連峰、下流に焼岳が眺められる。

帝国ホテル　チロル風の赤屋根と、格調高い丸太造りの建物は上高地の風景に融け合っている。1933（昭和8）年創業。

ウェストン碑　日本近代登山の父であり、日本アルプスの名づけ親でもあるウェストンを記念したレリーフ。6月の第一日曜日にはウェストン祭が開かれる。

焼岳　かつて、観光客まで焼岳に登った時代がある。上高地を取り巻く山で一番容易に登れ、半日で往復できた。1962(昭和37)年の噴火以来、1990(平成2)年まで山頂への登山禁止規制が行われていた。

穂高神社奥宮　明神池のほとりに、海民の始祖、穂高見命、綿津見命を祀る神社が建つ。

カラマツの紅葉　紅葉のしんがりはカラマツがつとめる。穂高に雪がくる晩秋、黄金色に彩られたカラマツは一刻(いっとき)の華やかさをもたらす。

明神池お船祭り　穂高神社奥宮の例大祭で、毎年10月8日に行われる。竜と鷁(げき)を舳先につけた2隻の小舟を池に漕ぎだし、山の安全を祈願する。

嘉門次小屋　明神池のほとりにある山小屋。ガイドの上条嘉門次が住んでいた。食事処と売店があり、囲炉裏で焼くイワナが観光客の人気となっている。

ニリンソウ　5月下旬、上高地は新緑の季節を迎える。林床にはニリンソウやエゾムラサキなど、可憐な花が咲く。

ケショウヤナギ　本州では上高地にしか見られない。冬の寒気に磨かれて、赤く輝いていた枝は、春になると若葉が萌え、残雪の山にひときわ映える。

観光

乗鞍高原

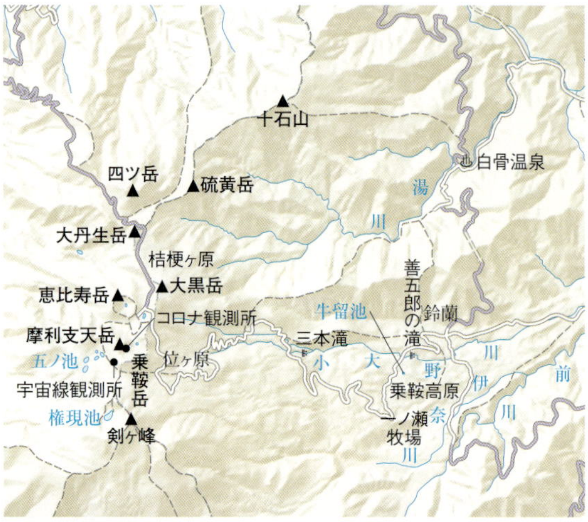

乗鞍岳は長野県と岐阜県の県境にある火山の総称。最高峰は剣ヶ峰(3026メートル)。山名は溶岩流によるゆるやかな山容が、鞍の形に似ていることによる。旧火口は権現池、亀ヶ池など山上湖になっている。山頂付近にコロナや宇宙線の観測所がある。東面に明るく雄大な乗鞍高原が広がり、牧場、国民休暇村、ペンション村がある。位ヶ原では8月上旬までサマースキーが楽しめる。長野、岐阜両県から標高2700メートルの鶴ヶ池まで、バスの便がある。

白骨温泉　乗鞍の東面、山懐深くにある温泉。中里介山の小説『大菩薩峠』で一躍有名になった。白濁した湯は、昔から胃腸病や婦人病の名湯として、湯治客に人気がある。

ペンション　乗鞍高原は、のどかで明るい自然に恵まれている。瀟洒なペンションが点在し、一年を通じてさまざまなレジャーが楽しめる。　8月上旬 山下喜一郎撮影

ヤシオツツジ　ミズバショウ、スモモ、コナシ、山桜、レンゲツツジが咲く春はまさに桃源郷。　一ノ瀬牧場にて 5月下旬

スモモの花咲く牧場　高原の中心は一ノ瀬牧場である。牧草地のため大きな木は少なく、光あふれる明るい高原から、雄大な乗鞍連峰の姿が見られる。　5月下旬

牛留池　鬱蒼と生い茂る針葉樹林の中にある小さな池。静かな水面に乗鞍岳が映る。池にはミツガシワやミズバショウの花が咲く。　展望台にて 5月下旬

善五郎の滝　落差25m、幅10m、雪解け水を集めたこの滝の水量は豊かだ。滝壷下の吊橋付近には虹が立つ。展望台にて 5月下旬

三本滝(上)　乗鞍岳が噴出した溶岩台地の末端で、小大野川の三本滝が流れ落ちる。三本滝の名は文字どおり三本の滝があるところから。写真はそのうちの滑滝。　5月下旬

乗鞍岳と焼岳(左)　岐阜側から偏西風に乗って上高地に雲が流れる。南の展望はよい。手前が穂高の稜線から続く焼岳。遠景左端が剣ヶ峰で右へ乗鞍連峰。西穂高岳から 2月中旬

乗鞍岳　左が最高峰の剣ヶ峰。3026mの山頂には頂上小屋と祠がある。
位ヶ原から　10月中旬　山下喜一郎撮影

桔梗ヶ原　山頂に近い砂礫地に咲くコマクサの先に、穂高連峰を望む。
7月下旬　山下喜一郎撮影

コロナ観測所　剣ヶ峰山頂より、摩利支天岳山頂のコロナ観測所と、笠ヶ岳を遠望。
8月下旬　内田良平撮影

剣ヶ峰山頂　山頂の祠と頂上小屋（左端）。
朝日岳とのコルから　8月下旬　内田良平撮影

位ヶ原　乗鞍岳東面は、位ヶ原から乗鞍高原とゆるやかな斜面が広がり、紅葉の季節も美しい。
10月上旬　山下喜一郎撮影

乗鞍の自然と暮らし

山下 喜一郎 *Kiichirou Yamashita*
（文・写真）

氷雪に削り取られた岩稜と侵食にえぐられた険しい渓谷が延々と続く飛騨山脈にあって、そこだけがぽっかりと窓を開けた雲上の楽園がある。乗鞍岳だ。

飛騨山脈はいつしか北アルプスと呼ばれるようになり、その南端に位置する乗鞍岳は22の頭峰があって、最高峰は剣ガ峰（3026メートル）と呼ばれている。

懐深い山裾が広がる乗鞍は山の幸に恵まれた絶好なフィールド。この高原を「わが庭」のように歩き回っている男がいる。福島立實《たつみ》、51歳。乗鞍生まれの乗鞍育ちの彼は理屈抜きの山好き、寸暇を惜しんでは山に入る。雪解けとともに始まる春は山菜採り、川虫が羽化する頃から本格化するイワナ釣り、そして夏から秋にかけては、彼がぞっこん惚れこんでいるマツタケ採りのシーズンである。

「乗鞍のことなら隅から隅まで知り尽くしているさ」と豪語する立實（たつ）とはかれこれ20年を超えるつきあいになる。「知り尽くす」などいう言葉は概して眉唾ものだが、つきあいが深まるにつれ「ひょっとすると…」と思うほどの説得力がある。

新鮮という言葉の持つ本当の意味を教わったのは、山菜を採りにいったときのことだった。大株のセロリーほどもあるヤマウドの根株を掘り起こして「喰ってみろ」という。乳液状の汁がしたたるのを沢水で洗って囓ると、ウドの香りと甘さが口中に広がり、独特なアクがまったくない。「この味をカミさんにも味わわせたい」と

5月下旬になると乗鞍高原にはスモモの花がいっせいに咲き、甘酸っぱい香りに包まれる。　一ノ瀬牧場

浅漬けがいちばんおいしいワサビの葉。

通称はコゴミで知られるクサソテツ。

若茎と葉を食べる
ヨブスマソウ。

東北ではアイコと呼ばれる
ミヤマイラクサ。

背の高い胞子葉は残して摘む
ゼンマイ。

山菜パーティを楽しむ。

思うのだが、家に持ちかえるとエグ味が出てアク抜きしないと駄目だという。
　そういわれると根曲竹《ネマガリタケ》のタケノコだって、その場で蒸し焼きしたのを食べると、エグ味は感じない。つまり「新鮮」という言葉には、一刻を争うという意味が隠されているのであって、言葉ばかりが一人歩きしてしまうと、言葉が持つ本来の意味が失われてしまうのだ。
「マツタケは採るんじゃなくて掘るんだ」
　この言葉を聞いたときは、落ち葉をそっと持ち上げているマツタケの姿を想像した。ところがである。「そんなのは掘るとはいわねえ」といって立實の代《しろ》へ連れていかれた。代とはキノコや山菜が決まって生える特別な場所をさし、親子の間柄でも教えないといわれている。
　立っているのがやっとのシラビソ林をさんざん歩き廻り「まだ歩くの！」といいたくなった頃、しゃがみこんだ立實が手の平を斜面に押しつけている。小首をかしげている様子は、聴診器をあてたときのドクターそのもの、思わず病院の診察室を連想してしまった。
「ここにある、触ってみろ」
　自信ありげにいわれて手の平をひろげてはみるが、素人にわかるはずがない。そのまま引き下がるのもしゃくなので「木の根じゃないのか」というと「木の根はここ、ついでにいうなら石があるのはここ」とそれぞれの場所を指示して落ち葉を除きはじめた。15センチも掘ったろうか、やっとのことで地面が現れ、さらに掘り進むと木の根と石が指した場所にあり、彼

かつて43センチの大物を釣り上げたことのある
ミソギ沢大滝をテンカラで攻める。

8月のお盆休みが終るころになると、乗鞍高原の
あちこちにソバの花が咲きはじめる。

天然の乗鞍産イワナを炭火で焼く。

ソバを挽く現役の水車。

「こねかた」が味の決めての手打ちソバ。

が示した場所から親指大のマツタケが姿を見せた。一度ならマグレですまされるマツタケ掘りも、翌年のシーズンに同じ経験をすると信じたくもなる。掘ったマツタケを肴に一杯やっていると地元の仲間が集まり、立實のように手の平を探知機代わりにする男もいれば、鎌の先で探る人、愛用の棒っきれを使うなど工夫もさまざまあることもわかった。

小さなペンションを経営する立實は、泊まる客の人数を認めてから釣りにいく。10人近い客がいれば午後の2時頃、数がもっと少ないときは3時近くに出かけることだってある。彼のペンションは乗鞍産の天然イワナを食卓に載せるのが決まりで、立實の釣るイワナを楽しみにしている常連も多い。「今日は釣れませんでした」と客にあやまるのは彼のプライドが許さないから、夢中になって釣る。20年を超えるつきあいのなかで、立實が客に頭を下げたのはたったの3回。彼が乗鞍一の名人といわれるだけのことはある。

山好きな人なら誰しもが憧れを抱く北アルプスにあって、山と直接かかわりあう人間の存在は、上条嘉門次《かもんじ》（1847～1918）や遠山品右衛門《しなえもん》（1851～1920）の時代と共に過去のものとなった。そうはいっても福島立實とのつきあいが深まるにつれ、北アルプスの黎明期に活躍した山人たちの系譜は現在でも引き継がれているように思えてならない。

新雪が降る季節が収穫期のムキタケ。

樹木の幹に生えるヤナギタケ。

手の平だけで掘り当てたマツタケ。

フランス料理の素材として有名なヤマドリタケ。

クロモジの木で楊枝を作るありし日の福島立吉。（本文中の福島立貫の父）

9月下旬、初冠雪に輝く剣ヶ峰をバックにナナカマドの紅葉が映える。

観光

立山黒部アルペンルート

日本の屋根、北アルプスを東西に貫くルート。この観光ルートの開通で、ほとんど乗り物だけで北アルプス最奥部の黒部湖、室堂平《むろどうだいら》などを訪ねることができるようになった。老若男女だれでもが、手軽に北アルプスの高所を体験できる。トロリーバス、黒部ケーブルカー、立山ロープウェイ、立山トンネルトロリーバス、高原バス、立山ケーブルカーと乗り継ぐ乗り物は、それぞれ自然景観や自然保護への配慮がなされている。

扇沢　立山黒部アルペンルートの信州側の玄関口が扇沢である。信濃大町より篭川に沿って18km、バスで40分の道のりである。

黒部ダム　日本最大のアーチ式ドーム越流型ダムで、高さ186m、堤長492m。1963（昭和38）年に完成。貯水量は約2億立方mで放水期は6月26日～10月15日。

殉職者慰霊碑　ダムは7年の歳月と、延べ1000万人もの手により完成。難工事による犠牲者は171人。慰霊碑には「尊きみはしらに捧ぐ」と刻まれている。

ロープウェイ　黒部ダムより地下ケーブルで黒部平に登る。ここから立山山腹2316mにある大観峰までは、ロープウェイで上がる。

大観峰　黒部湖と後立山連峰のパノラマが見られるところから名づけられた。雪をかぶった頂は、右が針ノ木岳、左はスバリ岳。

立山　室堂へは、ガソリンを使わない電動のトロリーバスで約10分。室堂平には遊歩道があって、立山連峰のパノラマが楽しめる。　桑島博史撮影

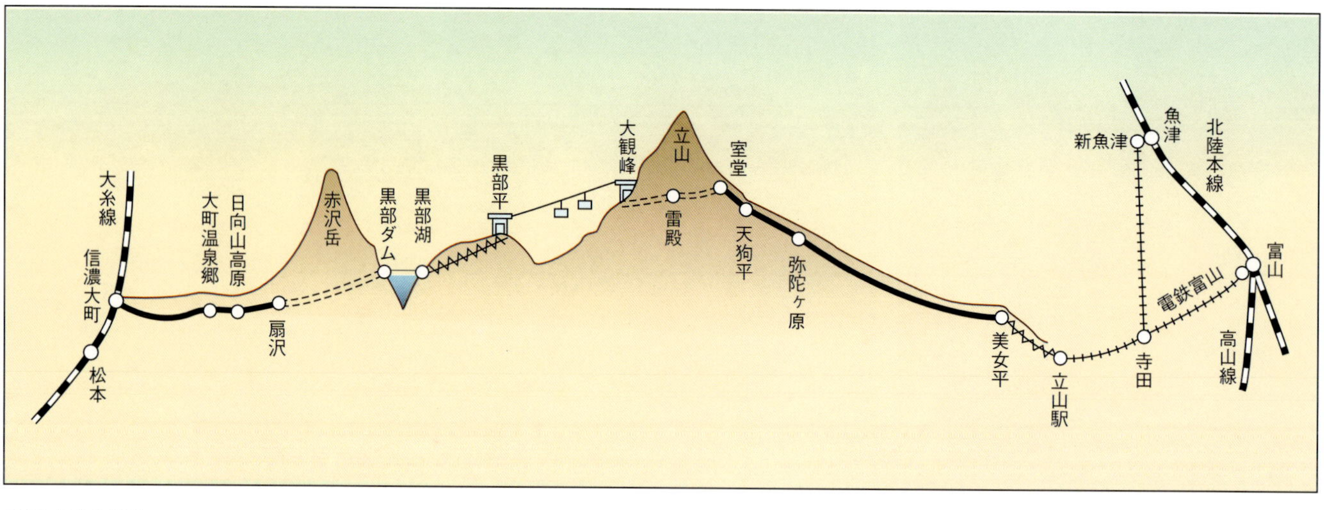

祓堂　室堂から雄山（立山）への登路の途中、一ノ越手前に、石で積まれた小さなお堂がある。

大日連峰　雄山に登ると立山一帯が見渡せる。西側はミクリガ池のある室堂平、奥大日岳、大日岳の山々が展望できる。

雪の大谷　立山は日本海に面しているため降雪が多く、世界有数の積雪地帯となる。バスの通る大谷では4月の開通時、15〜20mの雪の壁が残る。

立山黒部アルペンルート提供

地獄谷と大日岳　室堂平の下手に、今なお噴煙をあげている地獄谷の周回コースがある。

ソーメン滝　地獄谷から流れだした谷川が、称名川に流れ落ちる。かつてはシャメン滝と呼ばれていた。

弥陀ヶ原の池塘　ゆるく傾斜する火砕流台地に湿原ができ、餓鬼の田圃と呼ばれる池塘が点在する。ニッコウキスゲ、ワタスゲ、タテヤマリンドウなどが咲く。

ライチョウ　6月の産卵期には、つがいになって縄張りを持ち、見晴らしのよい場所で侵入者を見張る。

七曲空撮　室堂から美女平へは高原バスで23km。標高差約1500mの下りで、植物も、高山帯のものからブナや立山スギなどに変わる。

七曲付近　室堂（2450m）から千寿ヶ原の立山駅(500m)まで標高差約2000mを、ケーブルカーを使わずに結ぶマウントエクスプレスという直通バスもある。

立山黒部アルペンルート提供

立山スギ　美女平には天然の立山スギが数多く見られ、古いものは約千年も経ったものがある。

観光

黒部峡谷鉄道

トロッコ電車の愛称で親しまれている黒部峡谷鉄道は、電源開発工事のための資材および作業員の輸送用軌道として敷設された。観光客からの強い要望により、1953(昭和28)年から一般に開放された。宇奈月温泉から欅平《けやきだいら》までは1時間半のコース。途中には黒薙《くろなぎ》、鐘釣《かねつり》温泉の露天風呂や、錦繍関《きんしゅうかん》などみどころも多く、欅平には特別天然記念物の猿飛峡がある。

宇奈月　黒部峡谷の入口に位置し、多くの観光客が訪れる温泉地が鉄道の出発駅。

後曳橋を行くトロッコ電車　座席に屋根をつけただけの電車から、スリルと渓谷美が満喫できる。

黒薙温泉　川の合流点にある昔からのひなびた湯治場。

鐘釣温泉　花崗岩の白い河原にある露天風呂は明るく開放的。

欅平と奥鐘橋　黒部峡谷鉄道の終点。ここより上流部が下ノ廊下。

猿飛峡　欅平より、渦巻く黒部川に沿った遊歩道を行く。岩壁が迫る狭い廊下を、サルが飛び渡ったといわれる。

安曇野

長野県西部、松本盆地のほぼ北半分、梓川以北に広がる複合扇状地。信州の穀倉といわれ、臼井吉見の小説『安曇野《あずみの》』(1973年)によって全国的に有名になった。北アルプスの西麓にあたり、豊富なわき水を利用したワサビ田、農道に散在する道祖神、碌山《ろくざん》美術館、安曇野ちひろ美術館、穂高温泉郷などが観光客をひきつけている。

田淵行男記念館(上)　1905年、鳥取県に生まれ、89年この地に没した作家を記念した博物館。山岳写真、雪形研究、高山チョウ研究ほか多分野にわたる業績が収蔵展示されている。　田淵行男記念館提供

新緑と常念岳(左)　安曇野を歩いていると、どこからでも目につくのが常念岳である。ピラミッド型の優美な姿は、安曇野のシンボル的存在である。

ワサビ田　梓川と高瀬川に囲まれた穂高には、あちこちから地下水がわき出している。冷たい清流はワサビを育てるのに最適である。

碌山美術館　東洋のロダンと称され、31歳で夭折した萩原碌山の作品を中心に、高山光太郎、戸張孤雁の作品を展示。赤レンガの教会風建物。

道祖神　旅人の安全、子孫繁栄、縁結びなどの神として、田園風景のいたるところに祭られている。仲むつまじい男女の双体神はユーモラス。

安曇野ちひろ美術館　両親が安曇野生まれのため縁の深かったちひろの美術館は、松川村の扇状台地にあり、年に数十万人が訪れる人気スポットである。

column

北アルプスと環境問題

Eisuke Sawada 澤田 栄介

北アルプスは、1934（昭和9）年に中部山岳国立公園に指定されて、美しい山岳風景と登山の環境が大切に守られてきた。近年の社会経済の変動は国立公園の聖域にも及んで、山の環境にさまざまな問題をもたらすところとなった。わたしがレンジャーとなって上高地で過ごした1962（昭和37）年からの6年間はまさしく北アルプスが大きく変わる節目の時期であった。

高度成長期に入って、山の大衆化が急速に進んだ。登山のメッカであった上高地、槍、穂高一帯は、若者やファミリーでにぎわいを増した。山のにぎわいと同時に、捨てられたごみで山は汚れ、惨たんたる状況であった。山の危機を感じた地域の人たちが一体となって、1963（昭和38）年から山を美しくする活動が始まった。その頃、秘境黒部では、黒部川第四発電所が完成した。黒部の清流をせき止めた巨大な人造湖は、このあと立山と結ばれて、北アルプスを貫く一大山岳観光ルートとなった。

この半世紀、北アルプスの豊かな自然は、水力発電の源となり、観光レクリエーションの場となって、開発の波に蝕まれてきた。人が自然とのかかわりを深くしていく中で、北アルプスの山の環境がどのようになっているのか、核心部の上高地と立山室堂がどのように変わってきたのか、そして今、どのような環境にあるのだろうか。

厳密な公園保護・管理

北アルプスが、他の山岳地域と山の環境を異にするのは、山麓から山頂に至るほぼ全域が中部山岳国立公園に指定され、登山の聖域として大切に守られてきた歴史によるものであろう。加えて、山小屋が登山コースの要所要所にあって、山のベテランが登山者の面倒を見てくれる。登山者は、山小屋を介して山を知り、山の魅力にとりつかれるなど、登山者と山小屋の深い交流がある。

白馬岳、剣岳、立山、薬師岳、水晶岳、槍ヶ岳、奥穂高岳、乗鞍岳と3000メートル級の山々が連なる総面積17万4323ヘクタールのこの公園は、原始的な山岳と変化に富んだ渓谷、それらを包む広大な原生林を保護するために、公園区域の87パーセントがきびしい規制区域となっている。このうち落葉落枝の採取まで規制する特別保護地区は6万4129ヘクタールを占め、28国立公園の中でも断然広い区域が厳正に保護されている。

また、登山や自然探勝など国立公園の適正な利用を進めるために、登山道、野営場、山小屋、旅館、博物展示施設等の施設が公園計画で定められ、公園事業を行うことによって、利用環境の整備が図られている。日本を代表する山岳公園で、登山利用に重点が置かれるこの公園では、数多くの山小屋が環境庁長官の認可を受けて公園事業を営んでいる。山との絆が深い人たちが国立公園の宿泊サービスを分担することで、この公園の好ましい登山の環境が今日まで維持され、貴重な自然が守られてきた。

中部山岳国立公園の管理運営は、長野県安《あず》曇村《みむら》にある環境庁中部地区自然保護事務所が担当する。上高地、平湯《ひらゆ》、立山の3地区には自然保護官事務所があり、風致景観の保護や公園事業者の指導監督等の業務を分担するが、広大な山岳地域を少人数で管轄するので、行き届かないことが多い。遭難対策、植物保護、清掃美化、環境保全、登山道の維持補修等々、どれをとっても現地での的確な対応が欠かせない。北アルプスでは、そんな山の業務を支える山小屋100事業者の人たちの温かい手で、安心して登山ができる山の環境がつくられている。

上高地を美しくする会の活動

1960年代半ばの上高地は、信じられないほどごみがあふれて汚いところだった。ベテラン山岳会や大学山岳部がキャンプする涸沢も例外でなかった。山を美しくする運動は、登山の聖地涸沢から始まった。65年には上高地、槍、穂高一帯の旅館、山小屋等の民間事業者と関係の行政機関で「上高地を美しくする会」が結成され、地域総ぐるみで山の清掃美化に取り組んだ。毎週水曜日に実施する一斉清掃には100人近くが参加して、上高地平から山の上までごみを拾い、ごみ捨て場をかたづけていった。地域の人たちの働きで、3年目には上高地一帯からごみがなくなり、きれいな環境が甦った。

大量生産、大量消費、大量放棄の高度成長期に、いち早く美しい山を取り戻してイメージを刷新した上高地は、全国に話題を投げかけ、訪れる人たちの共感を呼んだ。上高地を美しくする会の活動は、この後も絶えることなく続いて、マイカー規制の導入やオーバーユースの問題に対処し、地域の運営をリードしてきた。

上高地マイカー規制の進展

1965（昭和40）年頃から、上高地はレジャーブームとモータリゼーションの波及で、マイカーが増え続け、道路交通が麻痺して混乱する日が多くなった。駐車場に入りきれない車が道路にあふれてバスの運行を妨げる。路傍の植生が荒らされ、森に乗り入れて不法駐車する車があとを絶たない。マイカーが引き起こす深刻な事態を解決するために、自動車利用適正化対策が導入されて、1975（昭和50）年夏から上高地はマイカーの乗り入れが規制された。

マイカーが締め出されたことで、沿道の自然が救われた。スムーズに流れるバス、タクシーによって利用者は渋滞の心配もなく、美しい上高地の自然をたっぷり楽しむことができた。マイカー規制は、利用者側からも受け入れ側からも歓迎されて、規制が始まった1975年の上高地の入込者53万人が、1986（昭和61）年には100万人を突破し、1999（平成11）年には170万人と、じつに3.2倍の増加となった。

予想をはるかに超える入込者で上高地の中心部はオーバーユースに拍車がかかったが、自然とのふれあいを求める利用者は、大正池から明神池、徳沢へと行動を広げて、さらにはその奥に続く山岳地域へと足を延ばして、歩いて自然を楽しむ国立公園本来の利用が広がっていった。

黒部湖の出現

峻険な黒部の谷で、7年の歳月をかけて関西電力黒部川第四発電所が完成した。立山の直下、御前沢地点に1963（昭和38）年に築かれた高さ186メートルの巨大なアーチ式ダムによって、黒部の水がせき止められ、2億トンの貯水量を持つ広大な湛水湖が誕生した。出力33万5000キロワットの発電所と引き換えに、黒部はかけがえのない原始境を失なった。

秘境のベールを脱いだ黒部は、関電トンネルで大町とつながり、雄大な自然と人工の技を誇る観光地黒部湖となった。黒部湖は、このあと立山とつながって、年間100万人を超える立山黒部アルペンルートの東の観光拠点に発展した。

一方、ダムによって自然の流れを止められた黒部峡谷は、上流部で膨大な流砂が堆積して谷を埋め、残された秘境の景観を破壊していく。また、下流部でも下《しも》ノ廊下《ろうか》の豪壮な峡谷美を損ない、止めどなく堆砂を続けて渓谷の環境を変えていく運命となった。

立山黒部アルペンルートの誕生

古くから信仰登山の基地であった立山室堂《むろどう》は、立山、剣岳の登山基地として登山者から親しまれてきたが、1964（昭和39）年に立山高原バスが室堂平に乗り入れて観光地の色彩を濃くした。

1971（昭和46）年春、立山室堂と黒部湖が立山トンネル、ロープウェイ、地下ケーブルでつながり、富山県立山町と長野県大町市を結ぶ立山黒部アルペンルートが全線開通した。夢の山岳観光ルートの誕生で、前年18万人であった立山の利用者が一気に65万人にふくれあがり、室堂平は観光客であふれた。

アルペンルートは、登山基地室堂を西の観光拠点にして、1986（昭和61）年に利用者が100万人を超え、1994（平成6）年には146万人と最高を記録したが、バブル期の終息につれて利用者が減少して、1999（平成11）年には106万人となった。アルペンルートの開通以来、極度のオーバーユースに陥った室堂平は、観光客の踏込みで植生が損なわれた。

立山は、この半世紀、自然の許容量を無視した開発政策で観光路線を拡大してきた。その結果、室堂平も、天狗平も、弥陀ヶ原《みだがはら》も観光の場となって自然が荒廃した。延々と延びた自動車道は、悠久の自然を破壊したにとどまらず、車の運行が沿道の植生に影響を及ぼし、マイカー規制後もブナやタテヤマスギを立ち枯らせて、自然環境が壊されてきた。

自然保護と適正利用

中部山岳国立公園を代表する利用拠点上高地と立山室堂は、共に国立公園の集団施設地区に指定されて、登山や探勝の基地として整備されてきたが、経済社会の高度成長の中でポリシーを異にして利用を拡大していった。

上高地では、行政と公園事業者が一体となって美しい自然と山の魅力をアピールし、ソフトウエアで国立公園のモデルを築いてきた。登山口上高地は、山岳地域と連携を深くして、自然との豊かなふれあいをテーマに、利用者のニーズをとらえ、自然探勝と登山の利用を高めてきた。

一方、立山室堂では、立山黒部アルペンルートの観光拠点になって100万人を超える利用者を迎えているが、ハードウエア主体の観光のあり方は変わらず、広がりのない観光利用にとどまっている。立山でも低公害車の導入や室堂の緑化などが行われてきた。2000年7月には立山町が、国立公園区域内での自動車のアイドリングを禁止する条例を施行した。しかし国立公園の利用について、十分議論されてきたのだろうか。標高1500メートルの上高地と、2450メートルの室堂とを同列に比べられないとしても、適正利用の方法はもっと考えられてしかるべきである。マイカー規制が行われた上高地で、観光客が山に入っていったように、自然と共生する新しい企画の提案などが考えられる。立山地域の恵まれた自然を活かした国立公園本来の利用は、これまであまり進展が見られなかったが、緑のダイヤモンド事業（自然公園核心地域総合整備事業）を契機に、新たな展開が期待される。

北アルプスはいま、中高年の登山者で大変なにぎわいである。この状況を維持するためにも、よりよい環境を創らなければならない。上高地が歩んだ、地域と行政が一体となって美しい自然を守り、利用を適正にしていく方策こそ、実現への究極の道であろう。数多い山の環境問題も、そこから解決の道が開かれる。

明神池　マイカー規制で増加した観光客は、行動範囲を広げた

秘湯

北アルプスの造山運動に欠かせない要素が二つある。一つはプレートのぶつかり合いによる隆起であり、いまーつは、火山による造山である。北アルプスは乗鞍火山帯の上にあり、火山活動も見られ、山脈中には火山による温泉も数多い。黒部峡谷の温泉のいくつかは、断層運動の摩擦熱を熱源としている。いずれも、北アルプスの奥深くにあるため、自分の足で歩かなければならないが、静かな秘湯ブームを呼んでいる。

蓮華温泉　白馬岳の北方、標高1600mの山間にある。上杉謙信の時代から続いた古い温泉で、朝日岳を一望でき、解放感あふれる温泉。

白馬鑓温泉　白馬三山の一つ、鑓ヶ岳の山腹2100mにある温泉。東面の開けた場所にあるため、日の出を眺めながら入浴できる、贅沢な温泉。

鐘釣温泉　天然の河原石で囲んだ露天風呂で知られる。トロッコ駅から歩いて10分で河原へ。野趣あふれる温泉。

阿曽原温泉　黒部峡谷下ノ廊下の中間部にある。仙人池への登山道の分岐点にあり、45度の単純泉で、黒部川を眺めながら入浴を楽しめる。

祖母谷温泉　欅平から徒歩約40分、祖父谷と祖母谷の出合付近にわき出す温泉。河原の石を寄せれば、どこでも自分好みの湯船ができる。白馬岳、唐松岳への富山県側登山口。

名剣温泉　黒部峡谷鉄道のトロッコで行く。終点の欅平から徒歩15分。赤い奥鐘橋を渡り、大きく張り出した人食い岩の下を通ると名剣温泉である。単純泉。

湯俣温泉　西鎌尾根から派生する硫黄尾根は、火山性の特異な山容をしている。その末端部は、湯俣川と水俣川の合流点に達している。合流点付近が湯俣温泉で、河原には天然記念物の噴湯丘が見られる。三宅岳撮影

高天原温泉　黒部の最奥部、赤牛岳の西斜面を流れる温泉沢につくられた露天風呂。雲ノ平のさらに奥にある秘湯中の秘湯で、二日がかりで入湯することになる。三宅岳撮影

立山温泉　弥陀ヶ原のバスが開通するまで、立山温泉は立山登拝のルートとして利用されていた。1969（昭和44）年の豪雨によって温泉も道も荒れ果て、無人となった。源泉からひかれた露天風呂は天涯の湯と呼ばれている。

白骨温泉　温泉成分が多く、湯は乳白色を呈する。かつてはシラフネと呼ばれていたが、中里介山が『大菩薩峠』で白骨と記してから、この名が知られるようになった。いまも白船の名の宿がある。

Appendix

北アルプス年表

年	事項
701 （大宝元）	立山開山縁起には、越中国国司・佐伯有若（またはその子有頼）が、山中で熊を射たところ実は阿弥陀如来であり、恐れおののき自ら僧になり、慈興（じこう）上人を名のって仏教の山として開山とある。
1584 （天正12）	前田利家との戦いに敗れ、孤立した富山城主佐々成政は、敵地を避けて冬のザラ峠を越えて黒部川を横断、針ノ木峠を越えて信州へ抜け、遠州浜松の家康に挙兵を懇願したという。冬の北アルプス横断の快挙だが、確たる証拠はない。
1585 （天正13）	焼岳爆発（記録上の最初の爆発か）。
1640 （寛永17）	信州との国境警備を重視した富山城主前田利常が「黒部奥山廻り」の制度を発足。以後、宇奈月から鷲羽岳にかけての一帯は「御縮山（おしまりやま・立ち入り禁止区域）」となる。
1648 （慶安7）	佐伯十三郎父子、利常候の命により、奉行3人を案内し黒部奥山踏査、針ノ木峠までの道程を測量芦峅（あしくら）からさらさら越えして野口村馬留まで調査（十三郎由緒書）。その後、藩は毎年奥山廻りという役名の監視員を出して山中を巡察させた。
1673-1681 （延宝年間）	松本藩によって上高地にいくつかのそま小屋が建てられ、藩林として森林育成、伐採、流木などの林業が起こる。
1700 （元禄13）	黒部奥山御境目見通絵図が完成する。
1702 （元禄15）	信濃国絵図が完成する。
1823 （文政6）	富山県上新川郡大山町の一向宗道場の家に生まれ、念仏行者となって諸国を巡歴した播隆上人が、円空上人が登って以来荒れていた笠ヶ岳登山道を修復して登頂、阿弥陀仏を安置して笠ヶ岳を再興した。翌年、再び山頂で槍ヶ岳の姿に接し、槍ヶ岳登山の準備を進めた。
1826 （文政9）	播隆上人、信州側から槍ヶ岳登山を計画。中田又重郎の案内で、小倉村から鍋冠山、大滝山を経て梓川に下り、槍沢の岩小屋へ。坊主の岩小屋となったここを拠点に槍の肩に登り、登路を偵察。山頂に阿弥陀如来像を安置することを決意し、下山後、浄財集めに奔走した。
1828 （文政11）	播隆上人、中田又重郎の案内で槍沢から槍ヶ岳に初登頂。山頂に鋳造した阿弥陀如来、観音、文殊の三尊仏を安置し、開山した。
1841 （天保12）	徳本峠道新設。
1858 （安政5）	焼岳噴火。山麓で300人の死傷者出る。
1871 （明治4）	明治新政府、国土の地図作りに着手。工部省に測量司を設置し、1878から本格的測量が始まる。
1875 （明治8）	英国人技師マーシャル、焼岳に登る。
1878 （明治11）	英国人の鋳金技師ウィリアム・ガウランド、槍ヶ岳登頂。外国人による初登山。

年	事項
1878 （明治11）	英国公使ハリー・パークス、アーネスト・サトウら針ノ木峠を越えて立山に登る。
1880 （明治13）	上条嘉門次、明神池畔に嘉門次小屋を建てる。
1881 （明治14）	E. サトウ、A. ホーズが『中部日本および北方日本旅行案内』を刊行。この中で「越中、飛騨の東側を画する山脈を日本のアルプスといってよい」とするW. ガウランドの言葉を紹介したことから、ガウランドが「日本アルプス」の命名者となった。ガウランドは日本の古墳研究を進め、「日本考古学の父」ともいわれる。
1884 （明治17）	地図作製のため、実地踏査や測量始まる。後年、これによって富山、長野で異なっていた山名が統一された。
1885 （明治18/5）	上高地牧場が開設される。
1888 （明治21）	陸地測量部発足。英国人宣教師で登山家のウォルター・ウェストン来日。
1891 （明治24）	ウェストン、徳本（とくごう）峠を越えて槍ヶ岳を試登。翌明治25年、槍ヶ岳登頂。
1893 （明治26）	ウェストン、上条嘉門次の案内で明神から前穂高岳登頂、国内外に紹介した。当時穂高の名前は前穂高岳をさしていた。
1894 （明治27）	志賀重昂『日本風景論』刊行。新しい日本の風景美を独特の文体で綴り、付録で「登山の気風を興作すべし」と呼びかけた。版を重ねるベストセラーとなり、近代登山の啓蒙書となった。志賀は登山経験は少ないが、この功績で日本山岳会名誉会員に推される。
1896 （明治29）	ウェストン、ロンドンで『日本アルプスの登山と探検』出版。邦訳は1933年。嘉門次大きく紹介される。
1905 （明治38）	日本山岳会創立。発起人は城数馬、小島烏水、高頭仁兵衛、武田久吉、高野鷹蔵、梅沢親光、河田黙の7人。当初「山岳会」という名称は後に「日本山岳会」となる。小島は、ウェストンのアドバイスで設立の意思を固める。小島は初代会長に就任。 鵜殿正雄は前穂高岳に登山家として初登頂。1909年には、上條嘉門次らと奥穂高岳から槍ヶ岳まで初縦走。さらに1912年、奥穂高岳から西穂高岳を縦走した。
1906 （明治39）	日本山岳会の機関誌「山岳」創刊。 日本山岳会の発起人の一人高頭仁兵衛が『日本山嶽志』を上梓。初の山岳百科事典で、登山の普及に大きな役割を果たす。高頭は1933年、日本山岳会第二代会長に就任。
1906 （明治39）	北安曇郡北城村（現白馬村）の旅館の当主松沢貞逸、白馬山頂に山小屋を開業（現在の白馬山荘）。11歳の時に頂上直下の石室（陸地測量部が建設）に泊まり山の景観と高山植物の美しさに心を打たれ、石室を譲り受けて改造した。
1907 （明治40）	三角点建設のため人跡未踏とされていた剣岳の山頂に立った陸軍陸地測量部の測量官柴崎芳太郎ら、錫杖の頭と槍の穂先を発見。錫杖の頭は奈良時代末期か平安時代初期の制作とみられる。
1911 （明治44）	オーストリア武官テオドル・レルヒ少佐、新潟県高田13師団演習場でスキーを教える。 6月に焼岳爆発。

年	事項
1912 （大正元年）	焼岳大噴火。 ウェストン、嘉門次、岳川より奥穂高岳直登。
1913 （大正2）	ウェストン第2回白馬登山。ルートは大町、四ツ谷、白馬山頂、四ツ谷、大町。
1915 （大正4）	焼岳が大爆発。流れた土砂が梓川をせき止め、大正池ができる。 五千尺旅館開業。
1916 （大正5）	白馬尻の小屋新設。
1917 （大正6）	大町の旅館対山館主、百瀬慎太郎が大町山案内人組合を設立。日本の最初の山案内人組合となった。やがて上高地、有明、白馬へ広がった。
1918 （大正7）	松本の穂苅三寿雄が槍沢ババの平に「アルプス旅館」を開業。現在の「槍沢ロッヂ」へと改称される。穂苅はその後、1921年に「大槍小屋」（現在のヒュッテ大槍）、26年に「肩の小屋」（同槍岳山荘）を開業した。
1920 （大正9）	慶大の二木末雄、八木森太郎、大島亮吉、小林達也ら、白馬尻から杓子へのスキーによる冬季試登。北アルプスにおける冬季登山の最初の挑戦である。 小林喜作が東鎌尾根に喜作新道を開設。
1922 （大正11）	筑摩鉄道松本・島々間の島々線が開通。現在の松本電鉄上高地線。信濃鉄道（JR大糸線の前身）の大町までの開通（1916）とともに、北アルプスへのアプローチが容易になった。
1922 （大正11）	白馬連山高山植物帯、天然記念物に指定。1952年特別天然記念物に指定。 慶大槇有恒、松方三郎らが常念越えで槍ヶ岳にスキー登山。 慶大三田幸夫らが立山、剣岳にスキー登山。 学習院板倉勝宣らが槍ヶ岳北鎌尾根登攀。
1923 （大正12）	秩父宮、槍ヶ岳登山。 槇有恒、三田幸夫、板倉勝宣、立山松尾峠で吹雪に遭い、板倉凍死。
1923 （大正12）	22歳の村井米子、女性として初の前穂高、奥穂高、北穂高、槍ヶ岳縦走を達成、オールラウンドな登山を続けた。
1925 （大正14）	冠松次郎ら、ガイド宇治長次郎と黒部川ノ下廊下を完全遡行、十字峡を発見。
1925 （大正14）	全日本スキー連盟発会。
1926 （昭和元年）	中ノ湯まで梓川沿いに車道開通。
1927 （昭和2）	針ノ木岳篭川谷で雪崩のため、早大山岳部の4人死亡。
1928 （昭和3）	大島亮吉、前穂高岳北尾根で転落。遺体は3ヵ月後発見された。
1929 （昭和4）	関西学生山岳連盟、関東学生山岳連盟結成。
1933 （昭和8）	島々・上高地間のバス運行開始。 初の山岳ホテル「上高地帝国ホテル」営業開始。

年	事項
1934 （昭和9）	「北アルプス」として親しまれた飛騨山脈が「中部山岳国立公園」に指定される。
1936 （昭和11）	三菱重工神戸造船所の技師加藤文太郎、吉田富久とともに槍ヶ岳肩の小屋から北鎌尾根を目指したが、猛吹雪のため遭難死。徹底した単独行主義者。遺稿集に『単独行』がある。
1937 （昭和12）	ウェストンのレリーフを上高地に設置。
1947 （昭和22年）	ウェストン祭始まる。（日本山岳会信濃支部が毎年6月第1日曜日にレリーフ前で開山祭。戦時中、一時取り払われたレリーフの復活を機に始まった）。
1949 （昭和24）	東京農大山岳部の松濤明、有元克己、北鎌尾根で遭難死。猛吹雪のなかでのビバークで松濤が残した遺書は、死に至る過程を克明に綴り、多くの岳人に感銘を与えた。
1955 （昭和30）	岩稜会パーティーが前穂高岳東壁を登攀中、ナイロンザイルが切断、1人が死亡。事故後、同会とザイルメーカーが強度試験を繰り返し、ナイロンザイルの性能をめぐって社会問題。井上靖の小説『氷壁』のモデルとなった。
1957 （昭和32）	八方尾根の白馬ケーブル運転開始。
1960 （昭和35）	植村直己、明治大農学部入学。山岳部の新人合宿で初めて白馬岳登山。1970年、日本人としてエベレスト（チョモランマ）初登頂。84年、マッキンレーの冬季単独行で消息を絶つ。
1963 （昭和38）	愛知大山岳部の13人パーティーが薬師岳で遭難。全員凍死。
1967 （昭和42）	松本深志高校生の西穂高岳集団登山で、独標付近を下山中、落雷に見舞われ11人が死亡、13人が重軽傷。 富山県中新川郡芦峅寺ブナ坂に文部省登山研修所設立。登山指導者を育成する唯一つの国立機関。大学山岳部リーダー研修、遭難救助研修など年間10件の研修、講習会が行われている。
1970 （昭和45）	新穂高ロープウェイ完成。2000年までの30年間に1000万人が利用した。
1971 （昭和46）	立山黒部アルペンルートが開通。
1975 （昭和50）	上高地マイカー規制始まる。
1980 （昭和55）	栃木国体に山岳競技が得点種目として加えられ、登攀技術、踏査競技、縦走競技の3種目が行われるようになった。
1989 （平成元）	立山で京都、滋賀の中高年パーティが吹雪による遭難、8人が死亡。中高年登山のあり方が問題となる。
1998 （平成10）	上高地周辺で群発地震。地震が原因とみられる落石事故により涸沢岳山頂付近で会社員が死亡した。
2000 （平成12）	立山・大日岳山頂付近で、文部省登山研修所が開催中だった大学山岳部リーダー冬山研修会の6人が雪庇とともに転落、都立大生、神戸大生の2人が行方不明に。1967年の同研修所設立以来初の事故。

人名・用語解説

亜高山帯（あこうざんたい） 山岳地帯にみられる植生帯で、日本では、モミ、トウヒ、コメツガなどの常緑針葉樹林を主体とする。本州中部では、標高 1500～2500メートルぐらいにある。

頭（あたま） 沢の源頭部。沢の最奥部で流れの源になっている所。源頭近くは急峻な岩壁帯の奥壁、またはガレ場、草付き帯になっている場合が多い。例・長次郎ノ頭、天狗ノ頭

鞍部（あんぶ） 英語ではコル、またはサドルといい、山頂間を結ぶ稜線上で低くくぼんだ個所をいう。日本では鞍部のほかに、反対側に越えられる「乗越（のっこし）」、道が横断する「峠」などが使われる。

岩登り（いわのぼり）**→ロッククライミング**

ウェストン，W.（Walter Weston, 1861～1940）「日本近代登山の父」とされるイギリスの登山家。1889（明治22）年から1915年にかけて3回来日、熊本、神戸、横浜に牧師として滞在中、中部山岳地帯の山々を登り、富士山、九州の山にも足を伸ばす。1896年『日本アルプスの登山と探検』をロンドンで刊行し、日本アルプスの山岳美を世界に紹介した。小島烏水らと日本山岳会の創立（1905）に貢献。上高地、梓川の河畔にレリーフがあり、6月第1日曜日にウェストン祭が開かれている。

宇治長次郎（うじちょうじろう、1874～1945） 富山県上新川郡大山村（現大山町）生まれ。越中の名案内人として、また黒部川の精通者として有名。長次郎谷は吉田孫四郎一行を剣岳に案内したときに命名された（1905）。冠松次郎の黒部川踏査行の協力者として知られる。

鵜殿正雄（うどのまさお、1877～1945） 長野県小県郡長瀬村生まれ。穂高岳の開拓者。1906（明治39）年9月、岳川谷から前穂高岳登頂（日本人として最初）。また1909年には上条嘉門次の案内で前穂・奥穂・槍ヶ岳の初縦走に成功。穂高連峰核心部の地形を等測図として日本山岳会機関誌「山岳」に発表した。さらに1912年8月、天狗沢から奥穂・西穂の初縦走を成し遂げている。「穂高槍ヶ岳縦走記」「穂高群峰の称呼につきて」などを「山岳」に発表。

馬の背（うまのせ） やせ尾根を表す言葉、地名で、両側が鋭く切れ落ちた尾根をいう。岩稜と、崩壊などで鋭くなったものとがある。

雲海（うんかい） 稜線、山頂や航空機から雲の上部を眺めたとき、波立つ海面のように広がって見える雲の様子。夏季には天気の安定する朝夕によく見られる。

大島亮吉（おおしまりょうきち、1899～1928） 東京芝（現港区）生まれ。積雪期登山の先駆者で、雪崩の研究を行った。慶應大学山岳部を中心に記録を残した。1920年3月、積雪期槍ヶ岳を初登攀。槇有恒に登山技術を学び、海外の文献を研究し、紹介した。1928年、前穂高岳北尾根で遭難、28歳であった。数々の登攀記録のほか、山についての随想「涸沢の岩小屋のある夜のこと」などで知られる。

岡野金次郎（おかのきんじろう、1874～1958） 神奈川県生まれ。1900年から12年にかけて、徴兵検査の際に知り合った小島烏水と乗鞍岳、立山、槍ヶ岳などの登頂、燕・常念岳縦走、白峰三山縦走など精力的な登山活動を続けた。またウェストンの『日本アルプスの登山と探検』に魅せられ、烏水とともに彼との交友を重ね、日本山岳会創立の機運を醸成する。

尾根（おね） 複数の谷に挟まれた山地の突出部。山頂や峰を順に結んだもの。稜線。

お花畑（おはなばたけ） 高山植物の群落。夏季の美しい高山植物の群落は「お花畑」として親しまれている。環境、殊に水分の多少によって、湿生植物から乾生植物まで植物の種が異なり、花の様子も変わる。

崖錐（がいすい） おもに急斜面から落下した岩屑が、その麓に形成する急傾斜で半円形の地形。大小の角礫からなり、末端ほど礫が大きい。

ガウランド，W.（William Gowland, 1842～1922） イギリスの冶金技師。日本アルプスの命名者。明治5（1872）年、明治政府のお雇い外国人、鋳金技師として30歳で来日。槍ヶ岳の外国人初登頂のほか、北アルプスの山々に登る。古墳の発掘調査研究も行い、「日本考古学の父」とも呼ばれる。

花崗岩（かこうがん） マグマが地下深部でゆっくり冷え固まった火成岩で酸性（SiO_2の量が約45％以上）の岩石。石英や長石など無色の鉱物の多くと黒雲母などを主成分としており、優白色で白っぽい。北アルプスに広く分布する。燕岳などの山頂付近の斜面を覆っている砂は、花崗岩が風化によって粒状になったものである。

暈（かさ） 大気中の氷晶によって引き起こされる太陽または月の光の屈折、反射に伴うさまざまな現象の総称。ハローともいう。氷晶の形状、空間姿勢や太陽、月の高度などによって暈、幻日、太陽柱など多様な現象をみせる。

火砕流台地（かさいりゅうだいち） 火砕流堆積物からなる台地。立山の弥陀ヶ原（みだがはら）など。火砕流とは、マグマに由来する高温の本質火砕物質の破片やガスの混合物が高速で地表を流下する現象。雲仙普賢岳の噴火でよく知られている。

鍛冶屋地獄（かじやじごく） 立山の地獄谷の中央付近にある硫黄の塔。火山性の噴気ガスが地表付近で硫黄を析出し塔状になったもの。噴出する音が鍛冶屋のふいごの音に似るためとか、かつてカンカンと音がしたためなどとその名の由来ははっきりしない。数年前から塔の先端部からの噴気がみられなくなった。

加藤文太郎（かとうぶんたろう、1905～1936） 兵庫県浜坂町生まれ。単独登山者として知られる。1920（大正9）年夏の白馬岳登頂を皮切りに北アルプス主稜の単独登山を次々に達成。1936年1月、槍ヶ岳北鎌尾根で遭難死。遺稿集『単独行』。新田次郎『孤高の人』のモデルとしても知られる。

上条嘉門次（かみじょうかもんじ、1847～1918） 長野県安曇村生まれ。1880（明治13）年、上高地明神池畔に小屋（現嘉門次小屋）を建てて独居し、岩魚釣りとカモシカ猟の山人生活に入る。以後39年間、「上高地の主」として生涯を送る。その間、ウェストンをはじめ数多くの登山家を案内した名ガイド。鵜殿正雄は、1909（明治42）年8月に穂高・槍ヶ岳の初縦走を嘉門次の案内で成し遂げている。

カール 氷河の侵食で形成された椀形の地形で、圏谷ともいう。典型的なものは、三方が急峻壁に囲まれ、なだらかなカール底をもつ。末端に削られた岩屑の積もったモレーンができ、大規模な氷体がつくったものは、さらに下流にU字谷を形成する。

カルデラ 輪郭が円形またはそれに近い火山性の陥没地で、普通の火口（直径1km以内）より大きいもの。陥没、爆発、侵食などの働きによるが、ほとんどは陥没によって形成される。立山カルデラは侵食カルデラである。ポルトガル語で大鍋の意。

冠松次郎（かんむりまつじろう、1883～1970） 東京本郷（現文京区）生まれ。1911（明治44）年の夏、白馬岳からの帰途、初めて黒部渓谷に接する。以降、秘境黒部に執着し、生涯をその踏査、探究に賭ける。十字峡、白竜峡、S字峡などを命名。1953（昭和28）年、日本山岳会名誉会員に推される。「剣岳、立山、双六谷、黒部／あんな大きな奴を友だちにしている冠松／……／あんな巨大な奴の懐中で／粉ダイヤの星の下で／冠松は鼾（いびき）をかいて野営するのだ」（室生犀星「冠松次郎におくる詩」）

岩稜（がんりょう） 岩尾根のこと。岩稜がナイフの刃先のように鋭角な所は、英語のナイフエッジ（ナイフリッジは和製英語）が使われる。

共役断層（きょうやくだんそう） 岩石に両側から力が働くとき、圧縮の最大軸に対して普通45度より小さい角度で交わる二つの剪断面（せんだんめん）ができる。これに沿って形成された二つの異なる向きを持つ断層の組をいう。（26ページ図参照）

キレット 稜線がやせていて、深く切れ込んでいる所。信州側の方言で、かつては「切戸」の字をあてていた。越中側では窓と呼ぶ。北アルプスに、大キレット、三ノ窓などいくつかが地名として残っている。

鎖場（くさりば） 登降時の安全確保のために鎖が固定されている難所。急傾斜の岩場には、鎖のほか針金やはしごが使われる。

クレバス（フランス語） 氷河上の割れ目のことで、氷河のない日本では雪渓の割れ目をいう。

ケルン（英語） ピラミッド状に積まれた石の道標、石塚のこと。本来、道標の代わりの目印として分岐点、渡渉地点、下降地点などに積まれるが、山行記念そのほかのものもある。

圏谷（けんこく）**→カール**

高山帯（こうざんたい） 森林限界よりも標高の高い所にできる植生帯。本州中部では標高約2500m以上のところにある。小低木や多年草で葉は厚く、毛が多く、縁を巻き込み、地上部が小さく地下部の大きいものが多い。ハイマツは高山帯を特徴づける植物である。

高層湿原（こうそうしつげん） 山地の温度が低い湿地では、枯死した植物は完全に分解されずに堆積し、泥炭化する。この泥炭が厚く積もり、地表面が地下水面より高くなった湿原をいう。

河野齢蔵（こうのれいぞう、1865～1939） 長野県出身。博物学者。高山植物の生態分布の研究で知られる。信濃博物学会、信濃山岳会を創立し、登山の普及に貢献。『日本アルプス登山案内』『高山植物研究』などの著書がある。（52ページ参照）

小島烏水（こじまうすい、1873～1948） 登山家、紀行文学者。美術研究家でもある。横浜商業学校卒業後、横浜正金銀行に勤務。文芸誌『文庫』において文芸批評に携わる一方、日本アルプスを踏破。縦走登山第1号として、高頭仁兵衛らと燕・大天井岳縦走を行った。『扇頭小景』（1899）、『日本アルプス』（全4巻、1910～15）、『氷河と万年雪の山』（1929）、『アルピニストの手記』（1936）などを刊行。日本山岳会の創立発起人。（192ページ参照）

小林喜作（こばやしきさく、1874～1923） 長野県南安曇郡牧村（現穂高町）生まれ。大天井岳から東鎌尾根を経て槍ヶ岳に至るコース（表銀座コース）、喜作新道を3年を費やして独力で開いた（1920年開通）。腕利きの猟師で、獲物の解体処理をする殺生小屋の開業は翌1921（大正10）年である。黒部の谷で雪崩のため長男とともに遭難死。

コル→鞍部（あんぶ）

佐々成政（さっさなりまさ、1516～1588） 戦国、安土桃山時代の武将。織田信長に仕えたが、その死後、越中に孤立、窮地に陥った。この窮状を浜松にあった徳川家康に訴えるため、天正12（1584）年、ザラ峠越えを敢行。成政の「さらさら越え」として語り伝えられている。（187ページ参照）

ザラ峠（ざらとうげ。佐良峠） 立山連峰の獅子岳と鷲岳との鞍部。標高2353m。岩屑のざらざらした地形に由来した名称で、古来越中～信州の間道として利用された。天正12（1584）年冬佐々成政主従が浜松へと抜けたのがこの峠だという。

地吹雪（じふぶき） 積雪が強風で吹き上げられ、見通しの悪くなった状態。降雪は伴わない。降雪を伴う「暴風雪」と混同されやすい。

志村烏嶺（しむらうれい、1874～1961） 栃木県烏山生まれ。高山植物研究と山岳写真のパイオニア的存在。その「白馬山腹の大雪渓」が日本山岳会機関誌

「山岳」の創刊号(1906)を飾る。また『山岳美観』(1909年8月刊)は日本最初の大判山岳写真集である。1904(明治37)年を第1回として、56(昭和31)年8月、83歳の高齢で13回目の白馬岳登山を達成。(52ページ参照)

ジャンダルム(フランス語)　主峰近くの前衛峰の中でも、ひときわ険しくそびえる岩峰のこと。護衛兵、親衛隊員の意。奥穂高岳と剣岳チンネのジャンダルムが有名で、いずれも岩登りの対象。

縦走(じゅうそう)　稜線通しに山から山へ歩くことをいう。尾根歩き、縦走登山ともいわれ、日本では最もポピュラーな登山形式。

シュカブラ(ノルウェー語)　スカブラともいう。冬季、雪面上に風がつくる波状の紋様をいう。風の状態によってさまざまな紋様が現れる。

森林限界(しんりんげんかい)　低温、風、土壌条件などのため、森林を構成する樹木が生育できなくなる限界。本州中部の高山では、標高2600m付近。

水蒸気爆発(すいじょうきばくはつ)　マグマによる物質をほとんど伴わずおもに水蒸気だけが噴出する爆発的噴火。放出物は既存の山体をつくる岩片。立山の室堂平のミクリガ池、地獄谷などは水蒸気爆発で形成されたものである。

水平道(すいへいどう)→**日電歩道**(にちでんほどう)

雪渓(せっけい)　元来は雪で埋もれた谷の意味。一般的には、夏でも谷を埋めている残雪をいう。フィルン(夏になっても解けきらず残る高密度の雪)となっていることが多い。谷底では雪崩、山稜では風下斜面への吹きだまりにより積雪が集積して雪渓が生じる。

雪田(せつでん)　周囲より融雪が遅れ、孤立して存在する残雪。斜面上の凹地や山稜の風下斜面などの吹きだまりに積雪が集積し、融雪期に入っても解けきらずに残ったもの。雪渓とほぼ同義だが、生態学関係者が用いることが多い。

堆石(たいせき)→**モレーン**

高野鷹蔵(たかのたかぞう、1884～1964)　横浜市生まれ。日本山岳会創立発起人7人の一人。蝶の研究家、山岳写真家として知られる。1910(明治43)年7月、小島烏水らと槍·双六·薬師岳縦走。写真集『高山深谷』第1～8集(1910～17)を編集、『蝶類名稱類纂』の著書がある。(52ページ参照)

タテガビン　ガビンは岩壁の方言。黒部別山南峰から黒部川側に派生する南東稜の総称を、大タテガビンといい、大盾岩壁と書くこともあった。

谷氷河(たにひょうが)　谷の中を流下する氷河。山岳氷河の代表的形態で侵食作用によりU字谷をつくる。表面には、クレバスやアイスフォールなどの特徴的な形態が見られる。谷壁が急峻な露岩であることが多く、凍結破砕作用により生じた岩屑が氷河上に落下し表面を覆うことがある。

田淵行男(たぶちゆきお、1905～1989)　鳥取県日野郡黒板村(現日野町)生まれ。写真家。戦後、穂高町に転居し、フリーとして活動を開始。46歳のときの『田淵行男·山岳写真傑作集』、15年の歳月をかけた『高山蝶』をはじめ、『わが山旅』『ヒメギフチョウ』『北ア展望』『山の意匠』などの写真集を次々に発表した。日本写真協会功労賞、松本市芸術文化賞など多数受賞。(71ページ参照)

池塘(ちとう)　寒冷な気象条件で形成される湿原に見られる小さな水たまりをいう。発生から消滅までのいろいろな段階のものがみられる。立山では立山信仰から「餓鬼(がき)の田圃(たんぼ)」と呼んでいる。縁にはモウセンゴケやミズゴケが群生し、池塘にはミヤマホタルイが生育する。

チンネ　巨大な岩壁を持ち、とがったやや独立した峰。剣岳のチンネがよく知られる。

遠山品右衛門(とおやましなえもん、1851～1920)　長野県北安曇郡平村(現大町市)生まれ。通称シナエム。「黒部の主」と呼ばれた。4歳上の上条嘉門次とともに日本アルプスの代表的山人。20歳頃から黒部川平の小屋を拠点に釣り、狩猟など仙人的暮らしに入る。山案内はしなかったが、山の情報に精通していたため、登山者に助言を与え、親しまれた。

登山道(とざんどう)　一般コース、一般ルートともいわれる山道。特別な用具がなくても登降できる道で、危険個所には鎖、ロープなどが固定されている。

独標(どっぴょう)　三角測量には使わないが、標高を測定し、標高を与えられた地点を標高点、または独立標高点といい、独標と略称する。北鎌尾根や西穂高岳のように、地名化しているものもある。

滑滝(なめたき)　河床が急勾配をなし、川の水が疾走するように流れるものを早瀬、または滑滝という。川の水が河床を離れて、高い所から直接落下するものを瀑布と呼んで区別している。

二重山稜(にじゅうさんりょう)　稜線が平行するような地形。二重になった稜線より、その間を伸びる凹地のほうに着目し「線上凹地」「舟窪」と呼ぶことも多い。白馬岳北方の三国境や鉢ヶ岳、雪倉岳付近、蝶ヶ岳、野口五郎岳などで見られる。中小の断層を境にして山体がずれることによって形成される。

日電歩道(にちでんほどう)　黒部川下ノ廊下に発電所建設用として日本電力が開いた歩道。1929(昭和4)年完成。欅平(けやきだいら)と平小屋を結んで、白竜峡、十字峡などの景勝地を通る。水平道、水平歩道とも呼ばれ、昇降は少ないが絶壁につけられていて危険。

乗越(のっこし)→**鞍部**(あんぶ)

初登攀(はつとうはん)　登攀とは英語のクライミングにあたり、岩壁、氷壁をよじ登る行為。初登攀とは、未踏の岩壁、氷壁を最初に登ること。登山道などから頂上に立つことは、登頂という。

播隆上人(ばんりゅうしょうにん)→63ページ

非対称山稜(ひたいしょうさんりょう)　山脈は一般に対称形をなすが、断層などの影響で一方の斜面に崩壊が起こると非対称形となる。白馬岳付近など後立山連峰の新潟·長野県側には、大断層のフォッサマグナがあり、断崖となっていて典型的な非対称山稜となっている。

ヒマラヤひだ　急斜面の雪または氷の条溝。一定間隔に縦方向の溝が現れ、美しい縞模様に見える。ヒマラヤで高度5500～8000メートル付近で顕著。

氷河擦痕(ひょうがさっこん)　氷河の流動(おもに底面すべり)により基盤岩や礫の表面につけられた直線的な擦り傷、または線状の浅く細い溝。氷河底面の礫や砂と、基盤岩の表面とがこすれあってできる。これらの方向は、過去の氷河の流動方向を知るよい手がかりとなる。

氷期(ひょうき)　氷河時代の中で、山岳地域以外の中緯度圏まで氷床や氷河が拡大した寒冷な時期。第四紀には3～6回の氷期があった。氷床や氷河が縮小した気候の温暖な時期を間氷期と呼ぶ。

氷食(ひょうしょく)　氷河による侵食。氷河に挟まれた岩屑が基盤岩を削ったり磨いたりする削磨作用や、氷河底での圧力変化に伴う融解再凍結により起きる基盤岩の剥ぎ取り作用(プラッキング)、融氷水流による侵食作用がある。氷河の流動は多量の物質移動であるため、氷食は水食に比べて強力である。

氷食尖峰(ひょうしょくせんぽう)　スイスアルプスで用いられるホルンの和訳で、氷食作用によりつくられたピラミッド形の鋭い岩峰をいう。カール壁の3～4方向からの切り合いにより生じることが多い。マッターホルン、ワイスホルンなどがその典型例である。

永帽(ひょうぼう)　氷河の一形態で規模の小さい氷床をさす。ドーム状の氷河で中心から周縁に向かって流動する。平坦な台地状の山頂部を涵養域とする山地氷帽と、低い平地を涵養域とする低地氷帽がある。最近では面積5万km^{2}以下の氷床を氷帽としている。

ビンガ　正しくはビンカという方言で、高い岩壁の意。黒部川の上ノ廊下に下の黒ビンガ、上の黒ビンガと名づけられた大岩壁がある。

ブリザード→**地吹雪**(じふぶき)

ブロッケン現象(ぶろっけんげんしょう。ドイツ語)　山頂や稜線上で、太陽を背にしたとき、自分の影と影を取り巻く光の輪が、前方のガスなどに映る現象。ドイツ、ハルツ地方のブロッケン山でよく見られ、ブロッケンの妖怪と呼ばれている。

ホウ雪崩(ほうなだれ)→128ページ

穂高安山岩(ほたかあんざんがん)　約4500～5000万年前に槍ヶ岳から穂高連峰周辺に噴出した火山岩類。下部は凝灰角礫岩、上部は溶結凝灰岩で、溶岩を挟んで槍·穂高の主稜線を構成している。溶結凝灰岩は硬く、柱状節理が発達している。

槇有恒(まきありつね、1894～1989)　仙台生まれ。日本における近代登山の発展に貢献した第一人者。1921(大正10)年のアイガー東山稜初登攀でヘル·マキの名を世界に印象づけた。1925年には16時間余をかけてカナダのアルバータ(3619m)初登頂に成功。1956(昭和31)年、第3次日本マナスル登山隊隊長としてマナスル(8125m)初登頂を成し遂げる。同年、文化功労者。第4代、第7代日本山岳会会長。日本人初の英国山岳会名誉会員。

窓(まど)→**キレット**

百瀬慎太郎(ももせしんたろう、1892～1949)　長野県大町生まれ。大町の対山館館主。ウェストン、辻村伊助、槇有恒らと親交があった。「善良にして敏捷たる理想的案内者の養成を目的とす」る日本最初のガイド組合、大町登山案内人組合を結成(1917)。1918年7月鹿島槍·針ノ木縦走、23年3月立山·針ノ木厳冬期縦走。大沢小屋(1925)、針ノ木小屋(1930)を建設。毎年6月第1日曜日、「針ノ木岳　慎太郎祭」が行われる。若山牧水門下の歌人でもあった。「山を想えば人恋し、人を想えば山恋し」で知られる遺稿集『山を想えば』がある。

モルゲンロート(ドイツ語)　山々が朝焼けに染まること。対をなす言葉に、夕焼けに赤く染まるアーベントロートがある。

モレーン　堆石(たいせき)、氷堆石ともいう。氷河により運ばれた岩屑でつくられた堆積地形。流動中の氷河では消耗域にのみ見られる。モレーンを構成する岩屑は、氷河周辺斜面や底面で取り込まれたもので、巨礫からシルトや粘土までを混在する。谷氷河が断続的に後退するといくつものエンドモレーン(終堆石堤)を残す。

山崎直方(やまざきなおまさ、1870～1929)　高知県生まれ。天然記念物山崎圏谷の発見者。1902(明治35)年、白馬岳に登山、氷河が存在していたことを発見。日本での氷河研究の基礎をつくる。日本地理学会初代会長。

U字谷(ゆうじこく)　U字型の横断面をもつ谷。一般に河川の流れによる侵食で形成されるV字谷に対して、氷河が侵食によってできた谷の代表。

雪形(ゆきがた)→71ページ

溶岩台地(ようがんだいち)　大規模な割れ目から流動性に富んだ大量の溶岩が流れ出てつくられた広大な台地状の地形。インドのデカン高原などのように広さ数十万平方キロ、厚さ2キロに及ぶものもある。日本にはごく小規模な屋島などの例しかない。

羊背岩(ようはいがん)　上流側が丸みを帯び、下流側がごつごつした破断面をもつ基盤岩の突起。上流側は氷河の削磨作用により形成され、表面に氷河擦痕が見られる。下流側は融解水の凍結風化により形成される。羊群岩とも呼ばれる。

ラテラルモレーン　側堆石。谷氷河の両側に堤防状に見られるモレーン。一般に氷河の消耗域において顕著なリッジをつくる。氷河の後退後に氷厚とほぼ等しい堤防状の地形をつくることから、エンドモレーンとともに過去の氷河を復元する格好の資料となる。

稜線(りょうせん)→**尾根**(おね)

廊下(ろうか)　古くから日本の渓谷に対して使われており、流れの両岸が絶壁に囲まれている所。両岸の岩壁を襖(ふすま)や板戸などに見立てて形容し、急流で通過困難な場合が多い。例·黒部川下ノ廊下、上ノ廊下。

ロッククライミング(英語)　急傾斜の岩場をよじ登ること。岩登り。通常、ザイル、ハーケン、カラビナなどを使う。ボルトなど、より重装備で登る人工登攀と、用具に頼らないフリークライミングとに分化している。

索引

ち

つ

て

と

な

に

あとがき

山の写真を撮りはじめてまもなく、私の所属する日本山岳写真集団が『アルプス博物誌』(山溪カラーガイド)を出版しました。その中に、私の写真数点を使ってもらいました。私は高い所が好きで、高い場所に立って風景を見下ろしていさえすれば、ご機嫌でした。ところが、この『アルプス博物誌』は、写真主体の山の博物誌という視点でまとめられており、こんな山の見方もあるのかと面白く感じ、いつかこのような本を自分も作れたら、と思ったものです。とはいうものの、山の美しさや厳しさなどを追い求めているうちに、そんな気持もすっかり心の底に沈んでいたのです。

1996年のことです。立山カルデラ博物館の飯田肇氏（本書の執筆者の一人）から、立山カルデラの写真を撮ってみないかという誘いがありました。立山カルデラの撮影は、美しいものを美しく撮るという今までの自分の撮影方法とは全く異なるものでした。主観的にではなく、科学の目で山を見て客観的に撮る必要がありました。

さらに1998年、山の百科を作ってみたいという思いを決定的にすることがありました。1700年前の氷が存在する内蔵助カールをナショナルジオグラフィック誌で取り上げたい、という話が飛び込んできたのです。10月、雪降る中、20メートルの氷の壁を下って狭い氷の穴に下り立ちました。しばらく一人で穴の底にたたずんでいるときのことでした。下山の時間が決められており、じっくり撮っている余裕はありません。氷の穴は湿気が多く、カメラのレンズがすぐに曇ってしまいます。ぬぐってもぬぐっても水滴がついてしまいます。曇りがいつなくなってくれるかと、薄暗い穴の底にじっとしていると、どこかで同じ経験をしたな、という妙に懐かしい気分が湧き上がってきました。それはジャイアントセコイアの巨大なムロに入ったときのことでもあり、また敦煌の莫高《ばっこう》窟《くつ》を登って鳴沙山《めいさざん》の大砂漠に立ったときもそうでした。そしてヒマラヤで氷河の撮影をしているときにも同じ感じがしました。ふと時間の観念がなくなってしまい、その瞬間、数千年いや数万年前と同じ次元にいるのではないかという錯覚が生まれるのです。そのときから写真を主体とした博物誌を作ってみたいと、はっきり意識しました。

さらに、出版の動機となったことがあります。山々の微妙な変化です。

1980年、黒部峡谷を歩いていたときのことです。峡谷の大部分は流水の中を行きます。流れの中をジャブジャブ歩いたり、ときにはセ氏10度前後の水温の中を泳ぐこともあります。かつて、川床の磨かれた岩石は滑ることなく歩くことができました。しかし、このときは丸みを帯びた岩はよく滑って転び、水の中につかってしまいました。川床の岩をよく見ると、白い肌の花崗岩に薄黄の膜が張っていて、手で触るとぬるっとしています。あの冷たい岩に苔がついているのです。黒部源流を訪れるたくさんの登山者による排泄などで、川が富栄養となった結果ではないでしょうか。

10年ほど海外の取材が続き、北アルプスからしばらく離れていましたが、久しぶりにじっくり見る山々は、かつて集中して撮っていた山々とは微妙に変化している気がします。上高地、徳沢周辺のニリンソウの群落は場所が移動していました。また涸沢には私のお気に入りのナナカマドがあり、他のナナカマドが美しく紅葉しないときでも、ここの木だけはなんとか絵になるのです。ところがしばらくぶりに涸沢に来てみるとこの木がすっかり勢いを失ってしまい、見事だった紅葉もさえない黄色に変わっていました。しかし何よりも大きな違いは、お花畑にイタドリが侵入する度合いが激しくなったことです。かつて美しい高山植物を咲かせていた場所のいくつかは、見る影もなくなってしまいました。

日の出と日の入りの差がなくなったことも特筆されます。かつては、地平線から昇る太陽は光線が強くてまぶしかったものです。ところが今ではどんよりした太陽が昇ってきて、夕日との違いがなくなってしまいました。これも温暖化や公害の影響でスモッグの層が厚く高くまで昇ってくるようになり、朝の澄んだ大気が失われてしまったためかもしれません。

こうした数々の変化を、失われつつある美的景観を、そして感動と数々の疑問をも含めて、目で見える形としておきたい、これが本書出版の究極的な動機になったのです。

私は単なる山のカメラマンであり、学者ではありません。植物にしろ、気象にしろ、地形にしろ、専門的に研究してきたわけではありません。また系統だって撮影してきたわけでもありません。ただ35年以上北アルプスに通い続けて撮りためたフィルムは膨大な量になります。それを分野別に並べてみました。そして、改めていろいろ調べてみましたが、素人の私にはわからないことだらけでした。森林限界や湿原の定義、植物の分類方法などは特にわかりにくく、疑問に感じたこともたくさんありました。また野生動物の生態、特にツキノワグマの数など、まだまだわかっていないことが多くあることにも改めて気づきました。

21世紀を迎えようとしている現在、人類は人口爆発という大問題を抱えています。戦後日本では経済最優先の社会が長く続き、自然は二の次として軽んじられてきました。その弊害が今、子どもたちを中心に噴き出している気がします。人間は自然そのものですし、自然の中でしか生きられません。人里離れた高い山に登っていると、数々の矛盾が見えてきます。これから21世紀を生きていかなければならない子どもたちが本書を見て、何を本当に大切にすべきかを認識するきっかけになってくれれば望外の幸せです。

最後になりましたが、素人の私が『北アルプス大百科』などという大それたものを刊行するにあたって、多くの専門家の方々に助けていただきました。原稿を気持ちよく寄せてくださった執筆者の方々をはじめ、この本にかかわって下さった皆様に心からの感謝を申し上げます。長年にわたる北アルプスでの撮影では、本当に多くの方々のお力が支えとなりました。今回の出版を機会に、その一部を掲載させていただきました。このほかにも、数え切れない方々から、言葉につくせないほどのご厚意とご支援をいただいてまいりました。この場を借りてあらためて御礼申し上げます。本当にありがとうございました。

2000年6月13日

悪天に閉じ込められたマッターホルンの山小屋にて

岩橋 崇至

参考文献（五十音順）

アルピニストの手記 小島烏水／小島烏水全集第10巻 近藤信行他編 大修館書店 1980

上高地・槍ヶ岳・穂高岳 自然観察研究会 北海道地図 1999

岳人事典 岳人編集部 東京新聞出版局 1983

川とつきあう 小野有五 岩波書店 1997

気象の事典 浅井冨雄他監修 平凡社 1997

北アルプス 山岳図書編集部編 山と溪谷社 1997

北アルプス 上・下 信濃毎日新聞社編 信濃毎日新聞社 1992

北アルプス開拓誌 中村周一郎 郷土出版社 1981

黒部 冠松次郎 第一書房 1930

黒部渓谷 岩橋崇至 山と溪谷社 1987

小島烏水ー山の風流使者伝 近藤信行 創文社 1978

強力伝 新田次郎 朋文堂 1955

今昔物語集1 馬淵和夫・国東文麿校注・訳 小学館 1971

山渓記 冠松次郎 春秋社 1967〜69

白馬岳・栂池・唐松岳・五龍岳 自然観察研究会 北海道地図 1999

新編単独行 加藤文太郎 山と溪谷社 2000

空の色と光の図鑑 斎藤文一・武田泰男 草思社 1995

大地の記憶 藤井昭二 桂書房 2000

立山カルデラ砂防博物館 常設展示総合解説 1998

立山黒部奥山の歴史と伝承 広瀬誠 桂書房 1996

立山自然ハンドブック 石坂久忠編 自由国民社 1996

立山信仰と立山曼荼羅 福江充 岩田書院 1998

立山道を歩く 富山県ナチュラリスト協会編 1992

剣岳・黒部・立山 岩崎元郎・小泉弘編 白水社 1997

富山県〔立山博物館〕常設展示総合解説 1991

富山のジオロジー 相馬恒雄 シー・エー・ピー 1997

日本アルプス 小島烏水／小島烏水全集第6、7、8巻 近藤信行他編 大修館書店 1979、80

日本アルプス 宮下啓三 みすず書房 1997

日本アルプス山人伝 安川茂雄 二見書房 1981

日本アルプスの登山と探検 ウェストン,W.／青木枝朗訳 岩波書店 1997

日本の山地形成論 藤田和夫 蒼樹書房 1983

日本の自然・中部 野上道男他 岩波書店 1994

日本の山 貝塚爽平・鎮西清高編 岩波書店 1995

日本百名山 深田久弥 新潮社 1964

日本風景論 志賀重昂 岩波書店 1995

日本野生植物館 奥田重俊 小学館 1997

氷壁 井上靖 新潮社 1957

風雪のビバーク 松濤明 朋文堂 1961

北越雪譜 鈴木牧之 岡田武松校訂 岩波書店1936

マウンテン・ヴォイス 日本山岳写真集団・編著 情報センター出版局 1998

明治の山旅 武田久吉 創文社 1971／平凡社 1999

山—研究と随想 大島亮吉 岩波書店 1930

山とつきあう 岩田修二 岩波書店 1997

山の自然学 小泉武栄 岩波書店 1998

山の植物誌 大場達之編解説 山と溪谷社 2000

山の紋章 雪形 田淵行男 学習研究社 1981（岩科小一郎「雪形考」収録）

槍ヶ岳開山 播隆〔増訂版〕 穂苅三寿雄・穂苅貞雄 大修館書店 1997

鎗ヶ嶽探険記 小島烏水／小島烏水全集第4巻 近藤信行他編 大修館書店 1980

槍ヶ岳・穂高岳 岩崎元郎・小泉弘編 白水社 1997

槍 穂高 岩橋崇至 山と溪谷社 1999

雪と氷のはなし 木下誠一編 技法堂出版 1993

わが登高行 上・下 三田幸夫 茗溪堂 1979、80

わたしの山旅 槇有恒 岩波書店 1968

協力者一覧

執筆協力

飯田肇 立山カルデラ砂防博物館
石原國利 会社経営
岩崎元郎 作家
菊川茂 立山カルデラ砂防博物館
小泉武栄 東京学芸大学
小森康行 日本山岳写真集団同人
近藤信行 作家
澤田栄介 元環境庁
財津達弥 田淵行男記念館
嶋本隆一 立山カルデラ砂防博物館
杉本誠 山岳写真研究者
多田俊明 読売新聞社
福江充 富山県〔立山博物館〕
穂苅貞雄 山荘経営
三宅修 日本山岳写真集団同人
山下喜一郎 日本山岳写真集団同人

写真提供

泉山茂之
内田良平
小森康行
佐伯賢輔
杉本誠
立山カルデラ砂防博物館
立山黒部アルペンルート
田淵行男記念館
富山県〔立山博物館〕
三宅岳
三宅修
宮島泰男
山下喜一郎

地図制作

北アルプス概念図 SHASHINKAGAKU／ART BANK
東京カートグラフィック株式会社
ルート・マップ クリエイト・ユー

取材協力団体

宇奈月温泉観光協会
大町山岳博物館
関西電力
岐阜県警察本部
岐阜山岳警備隊
黒部峡谷鉄道
(財)黒部市国際文化センター
黒部市吉田科学館
くろよん観光
(財)自然公園美化管理財団上高地支部
新穂高ロープウェイ
立山開発鉄道
立山貫光ターミナル
立山黒部貫光
立山黒部サービスセンター
立山黒部宣伝センター
田淵行男記念館
東邦航空
富山県警察山岳警備隊
富山県警察本部
富山地方鉄道
長野県警察本部
長野山岳警備隊
日本山岳会

朝日小屋
安曇村営徳沢ロッジ
阿曽原温泉小屋
池ノ平小屋
一ノ越山荘
烏帽子小屋
燕山荘
大滝山荘
大汝休憩所
奥黒部ヒュッテ
大天井ヒュッテ
鏡平山荘
笠ヶ岳山荘
合戦小屋
上高地西糸屋山荘
嘉門次小屋
涸沢ヒュッテ
唐松岳頂上山荘
北穂高小屋
キレット小屋
葛温泉 高瀬館
雲ノ平山荘
黒部五郎小舎
五色ヶ原山荘
五竜山荘
紫山荘
常念小屋
水晶小屋
スゴ乗越小屋
双六小屋
仙人池ヒュッテ
村営白馬岳頂上宿舎
村営栂池山荘
大日小屋
平ノ小屋
高天原山荘
岳沢ヒュッテ
立山室堂山荘
種池山荘
太郎平小屋
町営有明荘
町営大天荘
蝶ヶ岳ヒュッテ
栂池ヒュッテ
冷池山荘
剣御前小舎
剣沢小屋
天狗山荘
天狗平山荘
徳本峠小屋
徳沢園
中崎山荘
中房温泉
西穂山荘
野口五郎小屋
白馬大池山荘
白馬山荘
白馬尻小屋
白馬岳蓮華温泉ロッジ
針ノ木小屋
ヒュッテ大槍
ヒュッテ唐松
ヒュッテ西岳
ぶたのしっぽ
ペンションヨーデル
穂高平避難小屋
穂高岳山荘
みくりが池温泉
三俣山荘
南岳小屋
薬師沢小屋
焼岳小屋
鑓温泉小屋
槍岳山荘
槍ヶ岳殺生ヒュッテ
槍沢ロッヂ
槍平小屋
横尾山荘
雷鳥荘
ロッジくろよん

ICI石井スポーツ
カモシカスポーツ
キヤノン販売
写真弘社
POWER HOUSE
富士写真フイルム
ペンタックス旭光学
山と溪谷社
ラムダ
ワタナベ・カメラサービス

制作スタッフ

著者・構成 ‥‥‥‥‥‥‥‥‥‥‥‥‥‥‥‥‥‥‥岩橋崇至
編　集 ‥‥‥‥‥‥‥‥‥‥‥‥‥‥‥‥‥‥‥‥沼田信彦
アートディレクション ‥‥‥‥‥‥‥‥‥‥熊澤正人(POWER HOUSE)
デザイン／DTP制作 ‥‥‥‥‥‥‥‥‥‥尾形　忍(POWER HOUSE)
プリンティング・ディレクション ‥‥‥‥田中一也(凸版印刷株式会社)
編集・制作統括 ‥‥‥‥‥‥‥‥‥‥‥‥‥‥‥桑島博史
製作・進行 ‥‥‥‥‥‥‥‥‥‥‥‥‥‥‥‥‥‥‥田辺利子

著者略歴

岩橋崇至 IWAHASHI,Takashi

1944年、東京に生まれる。1967年、慶應義塾大学卒業、1970年、日本大学芸術学部写真学科卒業。山下喜一郎氏に師事。日本および世界の山々や自然、遺跡を撮影。

相模原市市民文化祭、全国生涯学習フェスティバル「まなびぴあ」フォトコンテスト、山形県「ぐるっと大江の四季写真コンテスト」、加賀市・深田久弥「日本百名山」写真コンテスト、中国新聞社「21世紀に残したいふるさと百景写真展」など各地で写真審査員を務める。富山県「立山カルデラ砂防博物館」展示アドバイザー。1997年より「岩橋崇至写真自然塾」主宰。その他、全国各地で大人向け、子供向け、親子向けの写真教室を開催。

日本山岳写真集団前会長。日本写真家協会、日本写真協会、日本写真芸術学会、日本山岳会、日本黒部学会各会員。

主要著書・展覧会

『谷川岳』(山と渓谷社)、『北ぐにの山々』(月刊さつき研究社)、『アルプス大縦走』(山と渓谷社)、『黒部渓谷』(山と渓谷社)、『白頭山』(日朝友好資料センター)、『THE ROCKIES-アラスカからメキシコまで』(ぎょうせい、他5か国にて出版)、『槍 穂高』(山と渓谷社)、『ロックガーデン』(樹花社)、『燕岳 四季へのいざない』(毎日新聞社) ほか著書多数。

1994年から日米各地で写真展「THE ROCKIES」(巨大な50点の作品は現在、米ベリー大学が収蔵) を開催したほか、「岩橋崇至 山の世界」「秘境黒部」「北アルプス幻想行」などの大型展覧会を100か所以上で開催。1993年には韓国大田 EXPO'93 にて「白頭山」展を開催。2000～2001年、フランス、イタリア、スペイン、カナダ、日本を巡回した「新世紀を拓く世界10人の山の写真家展」に選出された。

北アルプス大百科

Encyclopedia of the Northern Japan Alps

2000年 8 月 4 日 初　　版
2014年 5 月24日 初版第 3 刷

著　者　岩橋崇至
発行者　五百井健至
発行所　株式会社阪急コミュニケーションズ
〒153-8541
東京都目黒区目黒1丁目24番12号
電話　販売 (03) 5436-5721
　　　編集 (03) 5436-5735
振替　00110-4-131334
印刷・製本　凸版印刷株式会社

ISBN978-4-484-00404-4
Printed in Japan

NDC291 224ページ 28.9cm×21.4cm